はじめに

怪談とは不思議なもので体験者からお話をうかがったとき、あたかも自分自身が体験者に起こった怪異のかたわらにいるような感覚になります。

その場で同じように体験するイメージが湧きます。

私は幼いころから、母の影響もあって怪談や不思議な話に興味があり、聞いたり集めたりしてきました。

それが高じて人に語るようになりました。

いまではそれがありがたいことに仕事になっています。

残念ながら私自身の不思議な体験などは少なく、はっきりと幽霊を見たこともありません。

しかも懐疑的な性分でもあります。

しかし不思議な体験をした人のお話は一〇〇パーセント信じて聞かせてもらっています。

できる限り直接会って体験した人からお話を聞くことは、それ自体がとても貴重な体験です。そんな不思議な体験をした人をうらやましく思ったりもします。

本のタイトルにもなっている「あべこべ」は私の代表作であり、怪談デビューの話でもあります。

ちょうど怪談と都市伝説の間のようなお話で、すごく気に入っています。

「あべこべ」はひっくり返る、反対、さかさなどの意味があると同時に「此方彼方（あちらこちら）」とも言い換えることができ、いろいろな場所や方向などを意味します。

本書に収めたお話はまさにいろいろな場所で、いろんな方から聞きました。

怖い話もあれば、不思議な話もあります。

いままで聞いてきたなかでも特に気に入っているお話を選びました。

彼方（こちら）の世界ではなかなか体験できない、此方（あちら）の世界のお話。

『あべこべ』の世界を読んで体験してみてください。

あべこべ　目次

あべこべ

これは私が、友人のＫ君から聞いた話である。

いまから十年ほど前のこと。釣りが趣味のＫ君は、とある釣り仲間から山陰の日本海側にある〝釣りスポット〟を教えてもらった。そこでさっそく、当時付き合っていた彼女と一緒に、車で夜釣りに出かけることになった。

初めて行く釣り場ということもあり、道に迷ってしまい、彼らがようやく目的地に着いたのは午前〇時。駐車場などはなく、海岸沿いに車を停めると、あたりは真っ暗だったそうだ。ほかに釣り人もいないし、周りには民家などもまったくない。そんな寂しい海岸だったと、Ｋ君は言う。

そんななかＫ君は釣りを始めたが、まったくアタリもないまま、一時間、二時間……と、ただ時だけが過ぎていった。

一人なら何時間粘っても平気なのだが、今日は彼女と一緒に来ている。

その彼女は隣でじっとしていて、おそらく手持ちぶさたにしている。

「飲み物でも買ってくるわ」

彼は気をつかって言い、少し離れた自販機までジュースを買いにいった。

飲み物を手に戻ってくると、彼女は見知らぬ人たちに囲まれていた。それは四人組で、彼女は楽しそうに話をしている。

不審に思いながら近づいていくと、Ｋ君に気づいた彼女が四人組を紹介してくれた。

「地元の方ですって」

しかも彼らは家族なのだという。確かにお父さん、お母さん、中学生くらいの女の子、そして小学一年生くらいの男の子の四人が家族であるのは本当のようだ。

ただ、この家族はなぜ、こんな夜遅くに小さな子供を連れて出歩いているのだろう……。そんなことを思っていると、お父さんらしき人がヌーッとＫ君の前に来て誘ってきた。

「ここは釣れないでしょう。この先にもっと魚が釣れる場所があるんですよ。一緒に行きませんか？」

〝もしかしたらここは仲間から教えてもらった釣りスポットから少しズレていたのかもしれない〟

そう思いながらもK君は躊躇した。

なぜなら、その家族とはいま出会ったばっかりで、何よりも彼らには、うまく言葉にできないながらも、妙な違和感を覚えていたからだ。

「彼女と来てるんで……」

K君はそう言って断ろうとしたその瞬間、彼の言葉をさえぎるように彼女が言った。

「行こうよ、連れてってもらおうよ」

気が乗らないK君を、彼女はいつにも増してしつこく誘ってきた。

なんだか違和感はあるが、向こうは子供連れなので、まあ、変なことはしてこないだろう。彼は迷いながらも結局、その家族についていくことにした。

しかし〝父親〟が「こっちですよ」と、彼を導くように後ろを向いたそのとき、なにげなく見えたその首元に、K君の視線は吸い寄せられた。

本来隠れているはずの服のタグが、見えていたからだ。

「あれ!?」

Ｋ君は確かめるように、その家族全員の服装をまじまじと見た。

そして……先ほど感じていた違和感の正体に気づく。

父親だけでなく、母親も娘も息子も、みんな服が裏返しなのだ。

ズボンもスカートも何もかも……靴までも、左右あべこべにはいている。

日本には〝逆さごと〟という風習がある。

死者の世界はこの世とすべてが逆になっている、という考え方のもとに、たとえばお葬式では遺体の着物を左前に着せたり、足袋を左右逆にはかせたりして、死んだ人間と生きている人間とを区別する、というものだ。

それを知っていたＫ君は、目の前の家族を見て直感した。

「この人たち、この世のものじゃない」

そして本能的に思った。

「逃げなアカン！」

Ｋ君は彼女にそっと耳打ちした。

「1、2、3で逃げるぞ」
1、2、3――彼は事情を飲み込めていない彼女の腕をつかんで、その場からダッーと走り去った。全速力で車まで戻ったK君は、彼女を助手席に押し込み、自分も急いで運転席に乗りこんだ。
彼女はあまりのことにとまどい、たずねてきた。

「どうしたん、何があったん？」

「お前気づかなかったんか！　あいつら全員、服が裏返しやったやろ。ズボンも裏返し、靴も左右あべこべにはいてたぞ！　あれはヤバいって！」

そう言った瞬間、彼女は、

「えーー！　すごーい!!」

と言いながら、〝手の甲〟を合わせて拍手をした。

そして「ハハッハハッハハッハハハ」と、聞いたことのない声で笑いだした。

恐怖を覚えたK君は、慌ててギアをドライブに入れ、アクセルを踏んだ。

しかし、タイヤが擦れる音がして、車は海の方へとバックをしはじめる。

〝ザザ、ズズズッザー〟

まるでこのまま、海の中へと引きずりこまれるように……。

「お、おい！　車が後ろに進んでる……どうゆうことや！」

助手席の彼女に向かって必死に叫ぶと、彼女はカッと目を見開き、

「……大丈夫、ちゃんと前に進んでいるよ」

そう言ってフッと気を失い、それと同時に車も止まった。

海に落ちるまでほんの数センチ……。本当にギリギリのところだったそうだ。

なんとか気を落ち着かせエンジンをかけ直すと、幸い車は正常に動きだし、Ｋ君たちはその場から離れることができた。しかし、バックミラーを見ると、先ほどの家族がすぐそこまで迫っているのが見えたそうだ。その表情は笑うでもなく、怒るでもなく、どこか少し寂しげだったとＫ君は言う。

白い手

これは、私が友人の久保さんから聞いた話だ。

久保さんはカメラマンで、神戸でカメラスタジオを経営している。現在は展覧会や商品撮影の仕事などで大忙しだが、彼がまだカメラを勉強していた学生の頃、夏休みを利用して中国を旅したことがあった。

昔から久保さんは『三国志』が好きで、いつか現地に行ってゆかりの場所を巡るのが夢だった。学生だからお金はないが時間はたっぷりある。いまが好機と貧乏旅行を覚悟して中国へ行くことに決めたという。

さっそく旅に出た久保さんは、まず神戸から船で上海に渡った。

上海で旅の綿密な計画を立てるため一週間滞在し、その後、一ヶ月ほどかけて『三国志』の舞台を旅することにした。

久保さんが上海で泊まったのは安宿だった。いわゆるバックパッカーが泊まるようなところで、一泊一〇〇〇円もしない。六人の相部屋だったが、幸いにも日本からの旅行客が三人いて、言葉が通じたためすぐに打ち解けた。そのなかでも久保さんは特に大阪から来たMさんという男性と仲良くなった。

久保さんよりも少し年上のMさんは、大阪でカメラマンのアシスタントをしていた。仕事の休みを利用し、プライベートで昔から興味があった上海の街並みを撮影しにきたという。プロのカメラマンを目指す久保さんにとっては仕事の先輩だったが、まるで同年代の友人同士のように会話は弾んだ。久保さんがその宿に着いたとき、Mさんはあと一週間で帰国する予定だと言っていた。Mさんの帰国日はちょうど、久保さんが上海から旅立つ日でもあった。

そこからの一週間は、日中はMさんの撮影に同行し、夜は部屋のみんなと楽しく過ごし、あっという間に時間が過ぎていったという。

久保さんが宿を出る前日、すなわちMさんが帰国する前日には、部屋のみんなが二人のために飲み会を開いてくれ、酒を持ち寄り、遅くまで騒いだ。

夜も深くなり、話すことも徐々になくなったとき、そのなかの一人が上海のとあるホテルの話をした。

「前に泊まったあのホテルでえらい思いをしたんだよ。金縛りにあってさ……」

それをきっかけに、それぞれが心霊体験や怪談を話す流れになった。

久保さんも人から聞いた話や、自分が体験した不思議な話を披露した。

しかし全員が盛り上がって話すなか、Mさんだけは蚊帳の外だった。別に眠っているわけではないのだが、かといって話を聞いている感じでもない。

久保さんは気になって声をかけた。

「Mさんも何か話してよ。人から聞いた話でもいいし」

するとMさんはちらっとこちらを見て、

「いや、俺そんな話、持ってないわ」

と興味なさそうにして、また顔を下げた。お酒が入っているせいもあり、久保さんとほかの仲間はしつこくMさんに絡んだ。

「なんかあるでしょ。聞いた話でもええねんから」

「だから、ないって」

そんな会話が何回か続いたあと、Ｍさんはボソッと言った。

「封印してるから……」

一瞬、部屋に沈黙が降りた。

久保さんも思わず言葉を失ったが、すぐに堰を切ったようにＭさんをけしかけた。

「封印した話？　おもしろいやんか、教えてよ」

しかし、やはりＭさんは封印しているから話せないと言う。それでもしつこく聞くが、Ｍさんは教えてくれない。そこで久保さんは苦しまぎれにこんなことを言った。

「封印してるって、それは日本でのことやろ？　ここは上海やし、国境を超えてるから封印解いてもええんちゃうの？」

自分でしゃべっていても適当な言葉だと思ったが、意外にもＭさんは前向きな反応を示した。

「そういうもんなの？」

「そうやで」

久保さんがそう言うと、Ｍさんは安心したような表情で話しだした。

それはMさんが高校時代に体験した話だった。

当時、Mさんは学校には内緒でバイクの免許を取得し、ピザ屋で配達のアルバイトをしていた。

いつものように放課後のバイトに行った翌日、朝一番に職員室へ呼び出される。

「とうとうバイトしてるのがバレたな」

覚悟して職員室に行くと、明らかに先生ではない見知らぬ大人が二人いて、昨日のことについて聞いてきた。彼らは警察だった。

「昨日は学校が終わって、えっと、ピザ屋にバイトに行って……帰りました」

そう言うと、警察はある女性の名前を口にした。

「Tさん、ご存知ですよね？」

その名前はMさんにとって聞き覚えのないものだった。

「いや、わからないですね」

「大阪府◯◯の××のTさんです」

その住所を聞いてピンと来た。

昨日、最後にピザを配達したお客さんのことだ。確かにTさんという名前だった気がする。そう答えると、警察は配達時の様子を聞いてきた。

「母親らしき人が出てきたのでピザを渡して……、そういえば奥に小さい子供がいましたね」

そう答えながら、なぜTさんのことについて聞くのか疑問に思ったMさんはたずねた。

「何かあったんですか？」

警察の話では、昨夜、Tさんの家で無理心中があったのだという。

Mさんがピザを配達したあと、まもなく帰宅したTさんの夫が奥さんと子供二人を絞殺、そして自らも部屋で首を吊って亡くなったのだという。

犯人は夫だとわかっているものの、Tさんに最後に会ったのがMさんであったため、いちおう警察がアリバイを確認しにきたとのこと。思わぬ話にショックを受けつつも、警察からやっと解放されてホッとしたのもつかの間、Mさんは先生からバイトのことをこっぴどくとがめられた。

それから一週間ほど経つと、誰にも話していないのに学校には事件の噂が流れ、Ｍさんは注目の的となっていた。

はじめは嫌がっていたものの、それまで学校で目立つこともなかったＭさんは徐々に気持ちがよくなり、事件の詳細を自ら友人たちに話しはじめたという。そして、事件を茶化すような話までするようになった。

「あの家族、実はＭが殺したんじゃないのか？」

「そうやねん。実は俺が……」

そうしたやりとりで友人たちと盛り上がるようになっていった。


そんなある日、これまでひと言も話したことがないクラスメートの女子、Ｓさんに声をかけられ、Ｍさんは階段の踊り場で話をすることになった。

何の話かと思ったら、Ｓさんは真面目な表情で言ってきた。

「事件の話をするのはもうやめた方がいい」

人が亡くなった事件をあんな風に話すなんて、不謹慎だとでもいいたいのだろうか。

自分でも少し調子に乗っている自覚はあったものの、Ｓさんから注意される筋合いはない。

「関係ないだろ」

そう返すと、Sさんはボソッと言った。

「あと一回、その話をしたら死ぬよ」

彼女の真剣な顔にゾッとしたMさんは、その意味をたずねた。

Sさんは淡々と説明をはじめた。

Mさんが教室で事件の話を初めてした瞬間、教室の入り口扉のあたりに白い両腕のようなものが浮かんだのだと言う。そしてMさんが事件の話をするたび、それがちょっとずつ近づいてきている……。

「いまどんな状態なんよ？」

質問すると、Sさんは自分の首を絞めるようなポーズをした。

「こういう状態だから……、あと一回でもしゃべると、あなた死ぬよ」

Mさんは心底怖くなり、話を封印することにした。

久保さんをはじめ、怪談で盛り上がっていたほかの仲間たちもさすがに嫌な話を聞いてしまったなという表情で、重い空気が流れた。そして、そのまま送別会はお開きになった。

次の日、久保さんは宿から発つ前に、帰国するＭさんと連絡先を交換した。

「帰ったら連絡します」

Ｍさんにそう伝えて二人は別れた。

その後、久保さんは予定通り一ヶ月かけて『三国志』ゆかりの地を巡り、帰国した。落ち着いたところでＭさんに連絡を取ってみると、携帯電話に何度かけてもつながらない。

勤めていたカメラスタジオの名前も聞いていたので、電話番号を調べて連絡してみた。すると一ヶ月前から仕事に来ていないと言われてしまう。一ヶ月前といえば、Ｍさんが上海から帰国したころだ。そして、そこからＭさんの消息はいまだにつかめないままだという。

「あのとき、俺が封印を解いても大丈夫って言ったからかな。たぶん、偶然やと思うけど……」

久保さんは私に、自分を責めるような、どこか釈然としないような表情で言った。

その話を聞きながら、私はふとあることが気になった。

「もしSさんの言っていたことが正しかったとしたら……、いま、この話を俺にした久保さんも危なくない？」

久保さんは何かを考えるように言った。

「確かに、この話はあんまり人にはせんほうがええかもな」

そして少し黙ってからつぶやいた。

「でも、不思議と話したくなるんよな」

その久保さんの表情に、なぜか私は少し寒気を感じた。

この話を聞いた数日後、私は徳島県美馬市脇町にある通称「うだつの町並み」へ怪談ライブをしにいった。

ここは町家の両端に本瓦葺きで漆喰塗りの「うだつ」が多く見られ、徳島でありながらどこか江戸情緒が感じられる場所だ。

神戸からバスに乗って今日のライブのセットリストを考えていたとき、久保さんの話を思い出し、ライブで披露することに決めた。

会場となる古民家は二十人ぐらいが入れる広さだ。夜六時ごろからスタートなのだが何をどう間違えたのか、私が会場に到着したのは昼三時。

「早く来すぎたな」

古民家も開いてなく、主催者にも連絡が取れず、どこかで時間をつぶそうと考えていた。

「田中さーん」

名前を呼ばれた方を向くと四十歳ぐらいの女性がこちらに手をふっていた。

「今日ライブですよね？　すっごく楽しみにしてます」

その女性は地方から来てくれていた。

「ありがとうございます。でもまだ時間早いですよ」

と言うと女性はそれには答えず、言いにくそうに口を開いた。

「あの……ちょっといいですか……変に思わないでくださいね」

「はい？」

「田中さんの首に巻きついてる手？　大丈夫ですか？」

唐突な言葉に一瞬、訳がわからなかった。

「それではまたあとでうかがいますね」

女性はその場を去った。

会場前でたたずみながら女性に言われた言葉をいま一度思い出しゾッとした。

久保さんの話とリンクしている。

やはり、この話は封印すべきものだったのか――。

私は久保さんの話を披露することを急遽とりやめた。

そして会場にその女性は現れなかった。

予感

カメラマンの久保さんは専門学校に通っていたころに、観光バスを洗車したり清掃したりするアルバイトをしていた。

社長は二代目でまだ若く、神戸に洗車場があった。

十人のチームで一日に七、八台をさばく。早ければ二、三時間で終わることが多く、わりのいい仕事だった。

久保さんは神戸に住んで大阪の専門学校に通いながら、土日や学校の長期休暇にバスの清掃アルバイトに行って小遣い稼ぎをしていた。

清掃チームには六十代ぐらいの仲が良いおしゃべりな女性のベテランが三人いて、そのなかの一人、佐藤さんが少し変わっていた。いつも明るく仕事もちゃんとこなすのだが……。

まだ久保さんがバイトを始めて間もないころ、佐藤さんが仕事に遅刻して困ったことがあった。あとの二人は何か事情を知っているようで耳打ちしている。

「あー、またやで」

「出た出た」

久保さんは、佐藤さんにはサボり癖でもあるのかなと思った。

しかしそうではなかった。

聞くと佐藤さんは通勤の道すがら飛び降り自殺を目撃し、警察から事情聴取を受けて、それが原因で遅れたらしいのだ。

ベテランの女性二人が言う。

「佐藤さんなー、よく飛び降り自殺や首吊りに遭遇するんよ」

「最初は遅刻の言い訳やと思ってたんやけど、どうやらほんまらしいんよ」

後日、久保さんが佐藤さんに直接聞くと、本当に飛び降り自殺を目撃し、警察に行っていたという。社長やほかの仲間に「佐藤さんは変わってるな」と言われながらも、みんなは慣れた様子だった。

あるとき、チームの一人が辞めることになり、社長と数人で送別会が開かれた。佐藤さんを含めたベテラン女性三人も参加していたが、お酒が進むにつれ二人が佐藤さんをいじり出した。

「あんた、なんでそんなに自殺の現場に遭遇するんや？　この会社に勤めてもう八回ぐらい見てるんじゃないの」

「なんか呪われてるんとちゃうんか？」

佐藤さんも冗談まじりに答えていた。

「なんでやろうな、ほんまいややわ。あんたら助けてよ」

酒も進み久保さんと佐藤さんがちょうどテーブル席に二人きりになったとき、心配になった久保さんは提案してみた。

「八回も飛び降りに遭遇してるんですか？　……僕の知り合いで、いわゆるお祓いなどしてくれる方がいるんでみてもらったらどうですか？」

佐藤さんは「そうやな」とうなずきながらグラスを置くとひと息ついて、奇妙なことを言い出した。

「実は、声が聞こえるんよ。外に出て歩いていると、こっち〜こっち〜って……」

佐藤さんは飛び降りなどに偶然遭遇してるのではなく、歩いていると声が聞こえ、その声に誘われて近づくと何かしらの死がまとわりついてくるという。

交通事故直後の現場だったり、首吊り死体に遭遇したり、ビルから人が飛び降りる瞬間だったり。

また、人だけではなく猫や鳥などの場合もあるらしい。

それは子供のころからだった。

佐藤さんの実家は鳥取の田舎で、あるときから「こっち〜こっち〜」と聞こえるようになり、誘われるように行ってみると小動物の死骸をよく見たという。

大人になり都会に来てからは、人間しか見ていない。

声を聞いてしまうと行きたくないのに体が自然とそちらへ向いてしまい、さらに最近は以前とは違う男の声が聞こえるようになったそうだ。

久保さんは佐藤さんに霊能者を紹介しようとしたが、結局、タイミングがなかなか合わなかった。

二ヶ月後、佐藤さんがまた来ない日があった。

出勤前に飛び降り自殺を見たのだが、そのときはいつもとは明らかに声が違い、笑っていたそうだ。声がした直後にすぐ目の前のビルから人が落ちてきた。

今回はいつもとは違って声に悪意がある、声がしてから現場までの距離が近い、と不安がっていた。

そこから徐々に佐藤さんは休みがちになった。

さらに一ヶ月ほど経ったころ、会社に電話があった。佐藤さんは電話の向こうで泣いていた。

「助けてください、笑ってるんです！　私にぶつけようとしてくる。助けて……」

笑い声と共に人がすぐ目の前に落ちてきて、ぶつかる寸前だったとおびえる佐藤さんに、

「わかった、とりあえず行くから。そこで待ってて」

と伝えて電話を切った社長は、近くにいた久保さんを連れて現場に向かうことにした。

現場はすごい人だかりだが佐藤さんの姿はなく、警察に聞くと別の場所で保護していると教えてくれた。社長と久保さんが訪ねていくと佐藤さんがやつれた様子で椅子に座っていた。

「もう無理です。都会は無理です」

意気消沈した佐藤さんを、社長と二人でなだめていると、そばに立っていた女性が娘だと名乗る。とてもきれいな容姿で佐藤さんとは全然似てない雰囲気だった。

「いままでありがとうございました。母もこんな状態なので田舎の鳥取に帰ろうと思います」

娘さんがそう言い、社長と母娘が話し合った結果、佐藤さんは明日にも田舎に帰ることになった。

「久保、急なことでしかたがないがすぐ代わりを探すから、しばらくの間、九人で回してくれ」

話し合いの間、待っていた久保さんは社長からそう告げられる。

佐藤さんは次の日、娘さんと共に会社にあいさつにきて、そのまま辞めてしまった。

その後、残ったチームのメンバーに社長が佐藤さんのいきさつを伝えると、仲の良かった女性二人が怪訝な表情をしている。

「佐藤さんって確か独身だから娘さんはいないはずだけど……」

「私たちは佐藤さんとプライベートも仲良くしていたので間違いない。独身だったからお見合いパーティーだって勧めたのよ」

「娘って誰よ？」

「でもな、久保、娘さんって言ってたよな」

そう言って社長は思い出したかのように手帳を出した。

佐藤さんが辞めたあと、何かあったときのために、娘と名乗る人から連絡先を聞いていたのだ。

社長はすぐにその番号に連絡した。

「あ、そうですか、すみません。わかりました」

娘から聞いた番号は、鳥取の実家ではなく、岡山県のまったく知らない人につながった。

その後の佐藤さんの消息はつかめないままだ。

傘がない

これは数少ない、私に起こった不思議な話である。

小さいころから絵を習っていた私は、画塾の先生夫婦にずっとお世話になっていた。二人はともに画家で、関西を中心に教室を開いていた。

大きくなるにつれ、私は画塾から足が遠のいたが、高校生のときに美術大学を目指すため、先生夫婦の教室にもう一度通うことにした。当時、彼らは二人とも四十代後半になっていた。

受験勉強ということもあって、連休中はもちろん高校が休みの日には、教室ではなく先生たちの家に行き、隣接するアトリエで泊まり込みの合宿をした。

合宿までする生徒はほとんど私一人だった。

先生たちの自宅は大阪の北区にあり、京都と神戸を結ぶ国道沿いの、山の麓にある二階建ての一軒家だった（その隣にアトリエがある）。

緑に囲まれているが、周りには民家もなくひっそりとしていた。夏は気持ちいい場所だが、冬はどこか寂しい印象だった。

合宿中は先生たちが朝昼晩とご飯を作ってくれ、お風呂にも入らせてくれる。

私が寝泊まりするアトリエには寝袋が用意され、あとは朝から晩までひたすら絵を描くのみだった。

そんな私のことを定期的に先生たちが見にきてくれ（特に奥さんが見にきてくれた）、アドバイスをもらい、それを受けて描き直す……、そんな時間のくりかえしだった。

それは高校二年の終わりごろに起きた。

立春が過ぎてもまだまだ寒い日が続く二月の上旬、高校の創立記念日と土日が重なった三連休に私は先生夫婦の家にお世話になっていた。

しかし、二人は自身の展覧会などもありバタバタしていて、結局、家をあけることになってしまった。

「鍵を預けておくから。冷蔵庫のもので適当に食事して、あとお風呂も入っていいからね。火元だけ気をつけてね」

明後日の朝には帰ってくるから——。そう言われ、課題を与えられた私は家の鍵を受け取り、車で出かける二人を見送った。そして私は、アトリエで一人過ごすことになった。

しかし、いざ一人になってみるとまったくやる気が出ず、初日は一日中寝袋で過ごしていた。

「みさちゃん、みさちゃん、みさちゃん」

唐突に耳元で男の低い声が聞こえ、目が覚めた。

すぐにあたりを見渡すが、誰もいない。

確かに聞こえたはずだが、寝ぼけていたのか……。

そう思い、私はしっかり目を覚まそうとアトリエの外に出た。

日が傾き、何もしないまますでに夕方になっていた。

山の斜面から山風が吹き降りてきて、麓にある先生の家はものすごく寒かった。

アトリエに戻って、また寝袋に入ることにした。

それから何時間か経ったころ、浅い眠りのなかで、ラジオのノイズ音が聞こえて目が覚めた。

〝ピ――――――〟

薄く目を開けると、あたりはもう暗くなっていた。

アトリエの外からはそのノイズ音に絡んで、下駄の音のようなものも聞こえた。

〝カラーンカラーン〟

先生が帰ってきたのかと窓から外を見たが、そんな様子はない。

ノイズ音と下駄の音は続き、やがて小さく歌も聞こえてきた。

それは井上陽水の「傘がない」だった。

アトリエには先生の好きなフォークソングのレコードが置いてあり、休み時間によくこの曲をかけていたので知っていた。

「酔っ払いでも来たんだろう」

そう思った私は再び寝袋に入り、そのまま課題にも取り組まずに眠りについた。

次の日は昼頃に目覚めたが、この日もやる気は起きず、少し絵を描くとあとは寝袋でゴロゴロして、ほぼ何もしないまま夜になった。

〝ピー――――――〟

ウトウトしていると昨日と同じノイズ音を耳にした。

〝カラーンカラーン〟

やがて下駄の音。

続いて「傘がない」が聞こえてくる。

「昨日と一緒の酔っ払いやな……」

どうやらラジオを持ちながら歩いているようだ。

この日は下駄の音を鳴らしながら、家とアトリエを何回か往復してから、去っていった。

次の日の朝、先生夫婦が帰ってきた。

与えられていた課題が一つもできていなかった私は当然ながら注意を受け、その日は奥さんの美佐江先生がつきっきりで指導をしてくれた。

アトリエで私の絵を見ながら、先生は自分のイーゼルに描きかけの絵を置いた。誰か人物の素描だが、その顔が独特で日本人ではないように見えた。

「これ誰なんですか？」

そう聞くと、ひと息ついて先生は話しはじめた。

「Yさんて言うんよ。大学時代の友人でね。私は洋画科、彼はデザイン科。彼のお父さんは黒人のハーフでお母さんがロシア人のハーフ。彼自体、肌は白かったんやけど顔つきは黒人に近くてね……。私たちが学生だったころは七〇年代やから差別もひどくてね……。でも、美しいでしょう？」

Yさんの素描を見ながらそう言う先生は、どこか寂しげに思えた。

先生はYさんの容姿がとても好きで、いつか描かせてほしいと彼に伝えていたらしい。だがある日、

「今日だけ、朝まで一緒にいてほしい」

とYさんが懇願してきた日があったという。

先生は一緒にいてあげたかったものの、実家から大学に通っていたため門限があり、どうしても帰らないといけなかった。涙ながらにお願いしてきたYさんには申し訳なかったが、先生はそのお願いを断った。

すると翌日、Yさんは一人暮らしの部屋でガス自殺をはかり、亡くなった。

Yさんは少し前に大きな部屋に引っ越したばかりで、あとから考えるとその部屋のせいで孤独が増したのではないか、と先生は言う。

命日は二月十一日で、Yさんがいなくなった日からずっと、先生は後悔し続けているという。

「この子なー、いつもデニムのズボンに下駄はいて、ラジオ持ち歩いててん。私の下の名前を三回呼ぶのが口癖で……」

それを聞いて私は、昨日と一昨日の出来事を思い出した。

もしかしてあれは、Yさんだったのではないか――。

そんな思いがよぎり、

「実は、二人が留守中に……」

と言おうとした。

だが先生の次の言葉を聞いて、口をつぐんだ。

「早く絵を完成させてケジメつけな……。いまだにあの子、私を連れていこうとしてるから……」

先生は震えながら、キャンバスの一点を見つめてそう言った。

学生時代の切ない後悔話かと思ったが、震えている先生を見て、私は何か恐ろしいものを感じた。

橋津の海岸

三年前の冬、私の祖母・田中くに子が他界した。

享年八十八。家族に見守られながらの幸せな最期だったと思う。

ここで紹介するのは、祖母が亡くなる前に聞かせてくれた話だ。

祖母・くに子は鳥取県の出身で、県の中心部に位置する、いまはない大栄町のあたりで生まれ育った。

くに子の父親、つまり私の曾祖父は太平洋戦争で亡くなり、そこからは母親と子供たちで身を寄せ合い、なんとか戦争末期を生き抜いた。

くに子は六人きょうだい（男三女三）の三番目で、次女だ。一番上が長女で、次に長男、次女（くに子）、次男、三女。そして六番目の三男は、終戦を迎えた年に生まれた。

しかし出産と同時に母親が体調を崩し、そのまま回復することなく亡くなってしまう。戦後の混乱期、大人でも生きていくのが大変な時代に、彼らは子供たちだけで生きていかねばならなくなった。

まだ赤子だった末っ子の三男は、みんなで世話をした。五人で力を合わせて、一日一日をギリギリ耐え抜くような生活だったそうだ。

そんななか最も負担を強いられていた長女が倒れ、一週間ほど寝込んでしまう。

「私が倒れたらすべてが終わる。いまのままでも限界なのに……。早く病気を治さなければ」

そう思いつつも、長女の体はいっこうに回復しなかった。

ある夜、長女が寝ていると、枕元に人の気配を感じた。きょうだいの誰かが気にして見にきたのかと思ったが、それは違った。

長女の枕元にいたのは、まぎれもなく亡くなった母親だった。

「お母さん！」

彼女はとっさに声を出した。

「ごめんなさい、ごめんなさい」

母親は謝ったという。そして〝不思議なこと〟を口にして母親は消えてしまった。

長女が目を覚ますと、すでに朝になっていた。

夢のような現実のような、不思議な記憶……。

しかし母親が自分に伝えたことははっきり覚えている。

彼女はきょうだい全員を呼び出し、昨晩の出来事を話した。

「私たちが助かる方法があるかもしれない。だから手伝ってほしい」

長女は母親から〝きょうだいが助かる方法〟を聞いたといい、それを実行しようと相談した。私の祖母、くに子を含め、みんながそれに従うことにしたそうだ。


彼らはまず村中から和紙を集め、一〇〇枚の短冊に切り分けた。

そして短冊の一枚ずつに、長女が筆で〝ある言葉〟を書いていく。

それらはすべて同じ言葉だったようなのだが、漢字も混じっており、当時のくに子には読めなかったそうだ。

一〇〇枚すべてを書き終えると、彼らはそれを持って、日本海のある海岸を目指した。そこは長女が唯一、父母と遊びに来たことがある思い出の海岸だった。

到着すると長女はひざ下まで海に入り、和紙を海面に浮かべた。

和紙一〇〇枚は沈むことなく、波間に揺られた。

やがて長女は海から上がり、きょうだいたちのところへ来て

「お母さんがこれで助かるからって」

と言って海面に浮かぶ和紙を眺めた。

きょうだいみんなでその和紙を見守っていると、風がやみ、押し波もなくなり、時間が止まったような不思議な感覚になったそうだ。

そのとき、バラバラに浮かんでいた和紙が徐々に横一列になり、きれいにまっすぐ並んだかと思うと、いっせいに沖へ吸い込まれるように消えていった……。

そんな光景を目にしたあと、途端に風が吹き、波も立ち、時間の感覚が戻ってきた。

くに子は、きょうだい全員がこの不思議な体験をしたと言う。

日が暮れる前にみんなで家に帰り、落ち着いたところで、長女が末っ子の三男の異変に気がつく。

先ほどまで元気だった三男が息をしていないのだ。すぐに村の大人を呼んだが、時すでに遅く、息を吹き返すことはなかった……。

きょうだいは悲しみにくれたが、皮肉なことに、三男が亡くなったことによって残りの全員はその後も、なんとか生き抜くことができた。

「もしかしたらお母さんが私たちを不憫に思い、一番手のかかる三男を連れていってくれたのかもしれない……」

祖母のくに子は、涙ながらにそう語ってくれた。

二〇一八年、私は実際にその場所を訪ねてみた。

祖母たちが不思議な出来事を体験したのは、鳥取県にある橋津海岸である。海中の岩場に立つ鳥居がどこか恐ろしく、そして神秘的な場所だった。

七十年ほど前に、祖母がきょうだいとともにすがるような気持ちでこの場所にいたことを考えると胸を打たれた。

そして、この出来事がなければ、もしかしたら私もこの世には存在していなかったかもしれない……そう思うと、鳥居に向かって手を合わさずにはいられなかった。

祖母と曾祖母、そして亡くなった赤子の三人が、私の心のなかに浮かんだ。

明

五島のガッパ

長崎県・五島列島の福江島は、飛鳥時代から平安時代にかけては若いころの空海や最澄などが遣唐使船で中国に渡ったときの寄港地として、また室町時代には対明貿易の中継基地として、さらに江戸時代には五島藩一万二千石のお膝元として栄えた歴史ある島だ。五島列島の南西端に位置し、長崎潜伏キリシタンの隠れ里で有名な「堂崎教会」もある。

「三十年以上前の話ですが……」

Jさんが私に福江島の思い出を話してくれた。

Jさんは中学一年生の十三歳の夏休み、当時住んでいた名古屋から母方の祖父や親戚のいる五島列島の福江島へ初めて訪れた。

隣り合う祖父や叔父の家に七月終わりから八月の終わりまで滞在し、年上のいとこや同級生のはとこと一緒に海水浴や魚釣り、虫取りなどを楽しんだ。生まれて初めて稲刈りの手伝いもした。

滞在した小さな村は家がポツポツとあるだけで、あたりは外灯の明かりもほとんどなく、夜空の星や空気もきれいで自然が豊かだった。

ちょうど稲刈りをする時期の前で、お盆が過ぎたころ、夜ふけに外へ出て空を見上げると、山の向こう全体が稲光のように〝パッ、パパッ〟と薄明るくなったりした。

雷のスジが走るような光り方ではなく音もしない。

たとえるなら「雲のなかで雷が光って明るくなる感じ」だ。

光っていたときも空には雲がなく、星がよく見えていて幻想的だった。

宿泊していた祖父の家の風呂は、薪で焚くお風呂で小さくて古く、もう使っていなかった。祖父母も、給湯器などがあって楽な叔父の家の風呂を使用していた。

ある夜、Ｊさんが九時ごろに祖父の家から畑を挟んで三〇～五〇メートル隣の叔父の家に風呂に入りにいった帰り道、裏山の方から、動物のような鳴き声がした。
よく聞くフクロウより二〜三トーンくらい高い声だった。

〝ホォォ　フォォ〟

Jさんは音がした真っ暗な裏山のほうを向いて立ち止まり、耳を澄ました。

あたりは真っ暗で、虫の鳴き声も近くで聞こえる。

少しするとまた鳴き声。子供心になんとなく真似して声を出した。

すると返事をするように、また鳴き声がした。

〝ホォォ〟

Jさんは二、三回その不思議な声とラリーをした。

そのときは「何だろう？」としか思わず、遅くなると祖父が心配するので急いで家に戻り、さっき聞いた不思議な声のことを祖父に話した。

「それはガッパたい。こっちではカッパのことを、ガッパって言うったい。家の前の小川の上の方に昔からおっとぞ（いるんだよ）」

「ええー？」

Jさんは目をまん丸くさせて、隣にいた祖母を見るとにっこりとほほえんでいた。

ちょっと怖いけど、なんだかちょっとワクワクもする不思議な感じがした。

次の晩もいつもより少し遅く夜九時ごろに、叔父の家へ風呂に入りにいった。

畑を越えてJさんは思い出したかのように途中で立ち止まり、耳を澄ました。

しかし昨日の鳴き声は聞こえなかった。

今度はJさんの方から「風呂に入ってくるね」というあいさつの意味を込めて、鳴き声を真似た。

〃ホォォ〃

一回目……返事なし。

〃ホォォ〃

二回目……

〃ホーー〃

お！　返事があった！　会話ができたようで、Jさんはちょっとうれしかった。

しかしそこは子供だ。

切り替えが早く、そのまま何もなかったかのように風呂に行った。

風呂から上がり、いつもより長い時間、叔父の家でみんなと話して祖父の家に戻った。帰り道も裏山へ声をかけた。

〝ホォォ〟

返事はなかった。もう寝たのかなとJさんは思った。

その後、祖父の家ではなく叔父の家に泊まるようになったので、夜に裏山近くに行くことはなくなりガッパのこともすっかり忘れてしまった。

四年後、Jさんの四つ下の弟が中学を卒業し、福江島の叔父のもとで漁師の修行をすることになった。Jさんは家族みんなで、その年のお盆休みに五島の福江島へ久しぶりにいった。

夜、祖父の家で宴会をしていたところ料理が足りなくなり、とってきた魚を弟がさばきに外の手洗い場へ出た。

しばらくして弟の様子が気になったJさんも外へ出て手洗い場まで行き、そのみごとな魚さばきを見て感心した。

「魚さばけるなんてすごいね」

そう声をかけると、「普通だよ」と弟が言う。

「船酔いとか大丈夫？」

「もう慣れたからいまはしないよ」

二人はたわいもない会話をした。田舎の澄んだ夜空に星がまたたいている。

真っ暗な裏山の方を見て、ふと、四年前に聞いたガッパの声を思い出した。

時計を見るとJさんが中学生のころに、ちょうど叔父の家の風呂に入りにいって帰ってくる時間だった。すると裏山から
〝ホーー〟

あの鳴き声が聞こえた。

びっくりして弟を見ると作業に集中し、聞こえていないようだった。その様子を見て、なぜかJさんも気づいていないふりをした。

弟は忙しそうに魚を持って家の外と中を行き来する。Jさんはその間ずっと外にいた。なぜならあの声が不規則に間隔をあけて続いていたからだ。再び弟は忙しそうに魚を持ち、手洗い場まで戻ってきた。

〝ホーー〟

また鳴き声がした。

すると突然、弟は昔のJさんと同じように鳴き真似で返事をした。

〝ホォォ〟

Jさんはうれしくなり、何も知らないふりをして弟に聞いてみた。

「返事がくるよね。あれ、なんだろ？」

弟は答えた。

「うん、ガッパだよ」

Jさんは当然のように答える弟のことがうれしかった。

「ちょっと見にいこうよ」

「いやだよ、こわいもん！　ガッパだよ」

Jさんも一人で夜の真っ暗な裏山に行く勇気がなかったので行かなかった。

二人で祖父の家に戻り、宴会に再び参加した。改めてガッパのことを二人で祖母に聞いてみた。

「あれは悪さをするカッパではないよ。でも悪い子は……ガッパにお尻から肝を取られるっとぞ」

祖母は四年前のようににっこりとほほえんだ。

それからJさんは社会人になり、福江島からは足が遠のいた。


二十五年後の夏、叔母が亡くなった。叔母の葬儀で久しぶりに五島の福江島へ家族で行くことになった。二十五年経った田舎の風景はずいぶん変わり、祖父の家の前に流れていたきれいな小川には水は見えず、バス停や街灯などが建てられていた。便利になった島は、当時の思い出とは違う場所に見えた。

祖父、祖母、叔母は他界し、当時を知る人も少なくなってしまった。

叔母の葬儀のあと、夕ご飯を済ませ、ちょうど夜九時ごろに外へ出た。

街灯があるので昔みたいに真っ暗ではなかった。

Jさんは裏山を眺めながら枯れた小川の上流の方に向かって鳴き真似をしてみた。

〝ホォォ〟

しかし、いくら待っても鳴き声は返ってこなかった。

犬を飼ってはいけない村

Nさんは、いま富山県でフリーの映像業者をしている。

以前、地元のテレビ局でアシスタントのアルバイトをしていたとき、上司にSさんというディレクターがいた。Sさんには仕事でもプライベートでもよくしてもらっていた。

Sさんと飲みにいったとき、酒の肴になるような話がないか、聞いてみたことがあった。

「Sさん、取材先とかでなんかおもしろい話ないですか?」

「あー、お蔵入りになった話はけっこうあるけど、あれはちょっと怖かったかな」

Sさんは、夕方のニュースの一部で使うネタを探していた。

地元の人だからこそ知っている富山のおもしろい情報を調べていると、富山県南砺市に「犬を飼ってはいけない村」があると、ネットで見かけた。

いままでそんな話は聞いたことがなかった。

興味を持ったSさんが軽く調べたところ、その村の神社の御神体が猿神であるとわかった。だから村人は神さまに配慮して犬を飼ってはいけないらしく、犬を飼うと一族に不幸がある、というのが昔から続くその村の言い伝えらしい。

Sさんは、さっそく現地に調査に向かった。

着いてみるとそこは田舎のいたって普通の村だった。

村の神社も新しそうな造りでそこまでの雰囲気はない。

想像していたものとは違う村の様子を見て、いまは風習を守らないで住人は普通に暮らしているんじゃないか……とSさんは思った。

せっかく来たのでいちおう聞き込みをしようと村人を探していると、近くに農作業していたおじいさんがいた。

「自分はテレビ局の者なんですが。ここって犬を飼ってはいけない村って聞いたんですが、本当に飼ってる人いないんですか？」

するとおじいさんはある家のほうを指差した。

「あそこの家のＦさんは犬飼ってるよ！」

なんだ、やっぱりそうかとＳさんは思ったが、おじいさんの話は続く。

「でもＦさんの家、犬を飼いはじめてから奥さんと娘さんとお母さんが亡くなっちゃったから、もう引っ越すんだよね。だからＦさんのところでは犬の話はしないでね」

それを聞いたＳさんは番組でネタにするのをやめた。

猿の神や妖怪は女性が好きというのを聞いたことがある。女性だけが亡くなったのには何か関係があるかもしれない。


この話を聞いて私は興味を持ち、ニコニコ生放送のプロデューサー・木村さんを連れ再度調査に出かけることにした。

夜中に東京を出て、お昼には「犬を買ってはいけない村」に着いた。

富山県南砺市のその村はＳさんが言うように何の変哲もない田舎の村だった。

調査に行ったのは二月初旬で、大雪に見舞われ、あたり一帯に雪が積もっていた。猿神を祀っているという村の中心の神社にも行ってみたが、そう古くないきれいな神社だった。珍しいのは狛犬が逆立ちしていたことぐらい。猿神の説明書きもなく、人もいない。

村の周辺も散策してみたが人が見つからない。

そして確かに犬もいない。

神社の向かいに地域の交流センターがあったので、ここで聞いてみようと中に入ると、六十歳ぐらいの男性がいた。

「ちょっと聞きたいことがありまして……この村では犬を飼ってはいけないんですか？」

私は単刀直入に聞いてみた。

男性は怪訝な表情になる。

「なんや、テレビのものか！　取材はＮＧや」

「いや個人的な取材でお話を聞けないかと思いまして」

と言うと、少しホッとした表情になり部屋に通してくれた。

交流のセンターの男性はKさんと言い、神社の隣に先祖代々住んでいるらしく、この村のことは詳しい。また若い頃に関西にいたこともあり、言葉に関西弁が混じる。

私はもう一度聞いてみた。

「この村で犬を飼ってはいけないのはなぜですか？」

「はあ、犬……全然飼ってもいいよ、誰も止めないし自由に飼ったらいいよ」

あきれた表情で言った。

「え、でも知り合いから聞いたんですが……あの神社には猿の神様が祀ってあって……」

「ああ、神社の本殿奥には、猿というかよくわからない神様がいるな。丸い赤い石が三つあるわ。なんか猿っぽい顔をしているな。でも犬を飼ってはいけないルールなんかないし、いままでだって犬を飼ってる人はいるしね」

やはり昔の風習で、いまではただの噂なのだろうか。

神社に祀られている赤い丸い石は見せてはくれないという。

私は質問を変えて聞いてみた。

「では、その犬を飼ってた人はどうなってますか？」

「ああ、Yさんは離婚して、引っ越してから犬を飼えなくなったな。Hは病気で亡くなったし。最近は犬を飼った数時間後に交通事故か……」

「え……」

「だから犬を飼ってはいけないルールなんかないんよ。自由に飼ったらいいんよ」

Kさんはにこりと笑って言った。

芋虫

富山県に住む中居さんから聞いた話だ。
中居さんの知り合いで西田さんという五十代の男性がいる。
西田さんは結婚相談所の所長をしている。

約三十年前、西田さんがまだ二十代前半のころ。
ある夏の終わりに、彼女と富山県砺波市の山に夜景を見にいった。
そこは特にメジャーな夜景スポットではなかった。
単なる山の中腹なので、街灯などもなく真っ暗だった。

夜景を楽しみ二人でおしゃべりしたあと、車で暗い山道を走っていると急に何かが前方に現れた。

「ええ!?」

西田さんが呆気にとられていると、助手席の彼女もほぼ同時に声を出した。

「ええ!?」

そのとき西田さんは思った。

「あ、これ見えてるの俺だけじゃないんだ」

前方に現れた〝それ〟はグニグニと動き、道路を横断していた。

ヘッドライトが〝それ〟を捉えた。

〝それ〟は、大きさでいうとオオサンショウウオぐらい。

形状を表現するとおやつのカール。

灰色のような茶色のような色で、表皮は乾いている。

そんなものが路上で身をくねらせていた。

〝ガタン〟

西田さんはハンドルを切る間もなくそれを轢いてしまった。

大きいトマトを踏んづけたような感触が車から全身に伝わった。

しばらく西田さんと彼女は何も言わず、お互い無言で車を走らせていた。

西田さんはいまの出来事を口に出すか迷っていた。

すると彼女のほうが先に口を開いた。

「いま轢いたやつ……なんか変じゃなかった？　芋虫みたいな……確認しにいかない？」

西田さんは正直、嫌だった。

しかし彼女に言われてはしかたがないと、Ｕターンして二人で確認しにいくことにした。

「だいたいこのあたりだったかな」

さきほど何かを轢いたところまで戻った。

しかし二人が見た巨大な芋虫のようなものはいなかった。

「何これ？」

彼女が言った。
そこには拳大のきれいな丸い石が真っ二つに割れて転がっていた。

転ぶな

いまから八十年ほど前、Ｎさんの父が子供のころに体験した話だ。

Ｎさんの父の実家は宮城県の奥にあり、絵に描いたような日本の山里の風景が広がっている。

そこのお墓はみんな土葬だった。

土葬はしばらくすると中に水がたまるらしく、ある日、その水を抜くために一度掘り起こすというので、興味本位でついていった。

田んぼに囲まれた道を抜け、川を渡り、山道を登ると、昔からの集落の墓場がある。

最初こそワクワクしながら見ていたが、だんだん飽きてきて墓場を探索しはじめたとき、ふと誰かに言われた言葉を思い出した。

「墓場で転ぶというのは、死人に呼ばれてるんだ。だから墓場では絶対にコケんなよ」

急に怖くなってみんなのところに戻ろうとふり返ったその瞬間、足がもつれた。

「あ、ヤバい転ぶ！」

体勢が崩れ、あきらめかけたそのとき。

〝とん〟

体を何かに支えられ、転ばずに済んだ。

「だからコケんなっつったべ」

え？　と見ると、目の前の墓に白い手がするするすると引っ込んでいった。

その墓は去年死んだ、よくかわいがってくれた隣のじいさまのものだった。

鮎釣り

私の二歳上の先輩に山﨑さんという人がいる。
広島出身で、大学入学を機に神戸に出てきて私と知り合った。
そんな山﨑さんから聞いた話だ。

山﨑さんの父親は鮎釣りがとても好きだった。
広島の太田川で鮎釣りが解禁になると、いつも真っ先に川に行ったそうだ。
鮎釣りは「転がし釣り」という。
鋭い針にエサなしで引っかけて釣る古典的な方法だ。
鮎がいるポイントはなかなかの水深で流れも速く、山﨑さんの父は川に入って腰まで浸かって釣りをする。

子供のとき、山﨑さんもたびたびついていき、川に入って釣りをしている父を川岸からよく眺めた。

夕暮れになると変わる太田川の景色と聞こえてくる鳥の声に、子供ながら寂しさを感じたことをよく覚えている。


ところが、ある日を境にお父さんは川に行かなくなった。

唯一の趣味だった鮎釣りをやめたのだ。

よほどのことがあったのか。

山﨑さんが理由を聞いても答えてくれなかった。


山﨑さんが神戸に出てきて二年ほど経ったとき、お父さんが亡くなった。

葬儀に出席するため、懐かしい広島の地元に戻り、久しぶりに家族、親戚一同と顔を合わせた。

そのときに父の兄弟から、なぜ父親が鮎釣りを突然やめたのか、その理由を初めて聞きだした。

どうやら、お父さんはあるとき太田川で流されて溺れかけたらしい。

釣り仲間数人と出かけていたので、仲間がなんとか助け出して無事だったそうだ。

しかし川に腰まで浸かっていたとはいえ、その日はそんなに流れもきつくはなかった。

「何があったのか？」

仲間たちがお父さんを岸まで運びだし、川で起きたことを聞くと、父はおびえながら自分の釣具の針を指差した。

釣具の針には薄い膜のようなものが引っかかっていた。

その膜はまるでワカメのような色をして、皮膚のような弾力があった。

お父さんは救助されたあとも、ずっと震えながらお尻の間を手でぐっと押さえていたそうだ。

広島には市内を流れる猿猴川がある。

「猿猴」というのは広島で河童のことを指す。

猿猴は縄文時代から伝えられる川の水神であり、猿猴川は「河童猿猴伝説」の地だ。
猿猴川は、お父さんが釣りをした太田川の分流で、二つの川はつながっている。
山崎さんのお父さんはもしかしたら猿猴に出会ってしまったのかも知れない。

黄昏時に歩く人

Yさんは熊本県球磨郡にある母の実家に、子供のころによく連れていってもらった。
見渡す限りの田んぼと永遠に続きそうな県道の一本道。
街灯はなく夜は真っ暗になる。
家は二、三軒が密集し、それらが少し離れてポツポツと点在している。
母の実家は県道沿いにある木造平屋だ。
実家はもとは畳屋で、玄関を開けると土間があり、右側には畳を作る工房があった。
工房の反対側に居間があり、掘りごたつがある。
その奥の襖を開けると仏間があった。
古い家で、仏間の部屋にはかなりの数の遺影が飾ってあった。

Yさんはいつもその仏間に一人で寝かされたので、子供のころは夜が怖かったという。

トイレはちょうど仏壇の裏にあって気味が悪かった。

トイレには小さな窓があり、そこからは隣の家の田んぼと家が見えた。


実家にずっと住んでいた祖父が子供のとき、九十年くらい前の話だ。

ある日、隣の家のおばさんが昼間に田んぼで藁を焼いていた。

湿った藁もあったのだろう、灯油をまいて火をつけた。

祖父はちょうどトイレの窓からそれを見ていた。

次の瞬間、一瞬にして灯油がおばさんに燃え移り火だるまになった。

「ぎゃ――」

叫び声が聞こえ、それを目の当たりにした祖父は父親を呼び、二人でバケツに水を汲んで助けに向かった。

しかし時すでに遅くおばさんは焼死した。

祖父と曽祖父が、おばさんが息絶えるまでの一部始終を見たという。

翌年のお盆、お嫁にいった姉やその子供、親戚家族みんなが帰省していた。

そのなかに話好きの親戚のおばさんがいた。

おばさんは夕ご飯の支度を手伝いつつ、ひと段落したので、家の前にあったちょうど大人一人座れる石に腰かけて、夕飯が始まるまで黄昏時に夕涼みをしていた。

すると家の前の一本道の向こうから誰かが歩いてくる。

「ご近所の○○さんかな？　それとも帰省してる○○ちゃんかな？」

その辺は家も少なく他県の人もめったに来ないので全員顔見知りだ。

ぼんやりと気にしながらうちわをあおぎ涼んでいた。

〝ピシ……ピシ……ピシ〟

何か聞こえる。

耳をそばだてると、どうやらその音は近付いてくる人から聞こえていた。

「何だろう」

目を凝らす。

だんだんと人の姿がよく見えてくる。

それはもんぺ姿の女性だった。

道の右端を歩き、道端の草を何かで叩いている。

さらに目を凝らすと、その人は右手に藁を持ってピシピシと草を叩きながら近づいてきた。

「ああ、こんばん……」

あいさつしようとしたが、その顔を見て戦慄した。

それは昨年、藁で焼死した隣のおばさんだった。

くやしそうな顔で歩いていた。

腰を抜かしそうになりながら慌てて家のなかに入り、みんなを呼んで確かめてもらおうとしたが、あたりには誰も見当たらず、暗闇に吸い込まれていく一本道があるだけだった。

迷い家

「ちょっと田中君、相談があるねんけど」

数年前の夏、十年来の付き合いがあるかおりちゃんから、そんな連絡があった。

どんな相談事だろうと思いつつ、ひとまずかおりちゃんと直接会って詳しい話を聞くことにした。

数日後、夕方六時ごろに神戸の三宮で待ち合わせた私たちは、近くのファミレスに入った。かおりちゃんは少し周囲を気にしながら、遠慮がちに話しはじめた。

「田中君なら信じてくれるかと思って……。それに何かわかるんじゃないかと……」

それは確かに不可解な話だった。

かおりちゃんはカメラマンのアシスタントをしていて、神戸の須磨区で八十歳過ぎの祖母と、一匹の猫とともに暮らしていた。

おばあさんは数年前、ベッドから落ちて大腿骨を骨折してしまい、神戸市長田区にある西市民病院に入院していたが、いまはもう退院し、元気に過ごしているという。

ここ最近は、かおりちゃんが仕事から帰ってご飯を食べ終えると、二人でよく晩酌をしていたそうだ。

その日も、二人でお酒を飲みながら、テレビを見るでもなくつけていた。

ちょうど「世界の果てまでイッテQ！」が放送されていて、タレントのイモトアヤコさんがとある部族と交流する様子が放送されていた。その部族は腰に布を巻いて、全員がほとんど裸だったという。

それを見たおばあさんは、ふと何かを思い出したように、秘密を打ち明けるように語りはじめた。

「もう命は長くないやろうし、他人に言っても信じてもらえないから、かおりには言っとくわ」

数年前におばあさんが足の骨を折り、西市民病院に入院していたときの出来事だという。

手術をしてから数日が経ち、病院のベッドで寝ていると、おばあさんは夜中に目が覚めた。目を開けるとあたりは真っ白で、病室中がまばゆい光に包まれていた。

目を細めながら確認すると、その光はボーリングの球ぐらいの大きさになって、ゆっくりとおばあさんの方に迫ってきた。

痛いくらいに強い光であったことと、そんなものが自分の身体に近づいてくることに恐怖を覚えたおばあさんは、耐えられなくなってベッドから降り、横にあった車椅子に乗って自力で部屋を出た。

途中、焦って車椅子から転げ落ちてしまったが、なおも光は迫ってきた。

必死に這いつくばり壁をつたいながらなんとか光から逃げ、気づけば一階に降りていて、病院の外に出ることができた。不思議なことにその間、病院内には人の気配がまったくなかったという。

外には黒いスーツを着て、帽子をかぶり、白い手袋をした男が立っていた。

「お待ちしておりました」

そう言って男は霊柩車のような黒い車に乗るようおばあさんを促す。

見知らぬ人だが、どこか安心感があったため、おばあさんはその男に従い、助手席に乗り込んだ。

「出発しますよ」

男はひと言告げて、車を走らせたという。

車は長田区の知っている街並みを抜けて、山の方へ進む。

山道をしばらく走っていると、不意に背後に人の気配を感じた。

おばあさんがふり返ると、何人もが折り重なるように後部座席にいて、しかも奇妙なことに、みな全裸の女性だったという。


何時間経ったのか、それとも数分しか経っていないのか。

時間の感覚が曖昧ななか車が停まる。

到着したのは山奥で、集落があった。こんなところに村があるとは、おばあさんは知らなかった。

「到着しましたよ」

運転手の男に言われて、おばあさんは車を降りた。

後部座席の女性たちもゾロゾロと降りてきた。

村は木の柵のようなもので囲まれ、運転手の男が村の入り口に行って一人の女性と何かを話すと、おばあさんのもとに戻ってきて告げた。

「住んでもいい許可がおりました」

不安になりながらも、なぜか男の言葉に従ってしまい、おばあさんは村に入った。


その村は女性だけが住んでいて、しかも全員裸だった。

言葉は通じなかったという。

ある三人家族——母親とその双子の娘（七、八歳くらいに見えたそうだ）が、やはり言葉が通じないものの、いろいろとおばあさんの世話を焼いてくれたという。

そのとき着ていた病院の服は汚れ、裸足だったおばあさんのため、その家族が着替えを用意してくれた。

彼らは家というよりも小屋のようなところに住んでいて、室内にはほぼ何も物がなく、お粥のようなものを食べていたという。

誰もが優しく、居心地がよかったので、おばあさんはそこで数日間暮らした。

大人たちは近くのオブラート工場で働いているらしく、昼間は双子の娘たちが相手をしてくれた。

おばあさんのほかに服を着ているのは運転手の男だけで、言葉もその人にしか通じない。村から少し離れた場所に住んでいた彼には通訳の役割もあったようで、どうしても村人とコミュニケーションが取れないときは、彼を訪ねて通訳をしてもらったという。

しかし、村での生活が一週間ほど続くと、おばあさんは徐々に心細くなってきて、どうしても家に帰りたくなってしまった。

「家族も心配してるだろうから、いますぐ帰りたい」

運転手の男の家を訪ね、おばあさんは懇願した。

「どうしても帰るのですね。いつまでもいてくれていいのですよ」

男は止めたが、「どうしても家族に会いたい」と言うと承諾してくれた。

すぐに運転手に連れられて村の入り口まで行くと、そこでふり返るよう指示された。

目の前には十人ぐらいの女性が並んでいて、真ん中にいた村長らしき人が少し前に出てくる。

その両端からそれぞれ双子の娘が出てきて、列の中央に向かって歩きはじめた。

彼女たちは葉っぱで作った器を腕に抱え、中には塩らしきものが入っていたという。

双子たちが村長のところまで来ると、二人は器に入っていた塩を同時に空にまいた。

それを見て、並んだ女性たちが全員拍手する。

この儀式のようなものは、三回くり返されたという。

それが終わると運転手が言った。

「これで帰れますね」

おばあさんは村人に別れを告げて、男が運転する車で元の山道を戻った。


いつの間にか窓の外には見慣れた神戸の街並みが広がり、それを眺めているうちに病院へ到着した。

ちょうど一週間前、光の球に追われて病院を出たのと同じ、深夜だった。

病室まで運転手が付き添ってくれて、おばあさんをベッドに寝かしてくれた。

「大変お世話になりました。ありがとう」

御礼を言うと運転手は帽子を取って会釈し、ほほえんだという。

かおりちゃんにすべてを話し終わったおばあさんは、あの村まで連れていってほしいと頼んだそうだ。

「死ぬまでにあの人たちにお礼がしたい」

その不思議な体験は、手術時の麻酔で意識が朦朧としている最中に見た光景なのかもしれないし、一種の臨死体験のようでもある。

死が迫ったときに見ることがあるという、異世界なのか……。

そもそも入院時におばあさんは足の骨を折っていたわけだから、車椅子なしで病院を出ることなどできない。

だが、かおりちゃんはおばあさんが嘘をついているようにも思えないという。

さらに、おばあさんは村でもらった服が残っているといい、かおりちゃんに実物を見せたそうだ。確かにそれはいままで家のなかで見たことのない服で、古い生地でできていたという。

おばあさんの話をどう受け止めればいいのか——。

一人で悩んでいたかおりちゃんから話を聞いた私は、彼女と一緒におばあさんが言う「村があった場所」へ行ってみることにした。

車で長田の山の方へ向かい、おばあさんの話を手がかりに探してみたが、それらしい村はどうしても見つからない。

村が見つからないのであれば、大人たちが昼間に働きに出ていたというオブラート工場を探してみよう——そんな作戦も虚しく、工場が存在した形跡すら見当たらなかった。

かおりちゃんのおばあさんはいまも元気だ。

そのときは夢を見ていたのか、それともただの妄想だったのか……。

兵庫県には隠れ里の伝説もあるし、純粋な心の持ち主だけがたどり着ける「迷い家」という伝承もある。

「迷い家」の伝承では、その場所から何か一つでも物を持ち帰ることができれば、その人に幸福が訪れるとされている。

かおりちゃんのおばあさんは「服」を持ち帰った、と考えれば、この不思議な体験は、おばあさんとかおりちゃん、そして一匹の猫が住むその家に、幸せが訪れる前兆なのかもしれない。

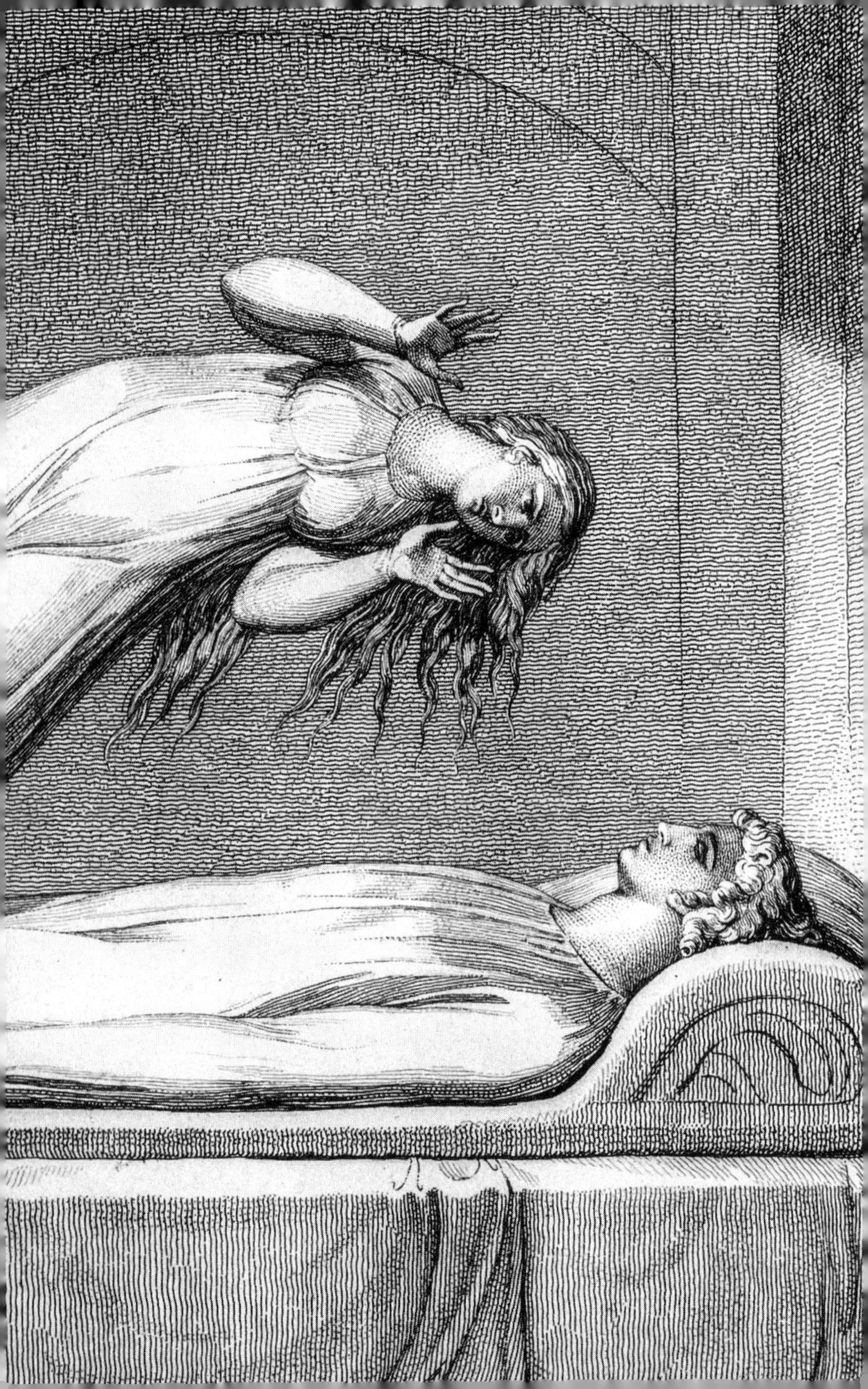

まぼろしのうどん

東京都文京区小石川には妖狐伝説がある。

江戸時代、小石川の伝通院に澤蔵司という若い僧がいた。

わずか三年で浄土教の奥義を極めたが、その正体は稲荷大明神だった。

澤蔵司は修行中によく近所の蕎麦屋に通っていて、食べ終わったあとはいつもお金に木の葉がまぎれこんでいた。

そんな江戸時代の怪異譚が語り継がれる文京区で、Ｋさんは三十年ほど前にこんな体験をした。


取引会社に訪問するため、Ｋさんは茗荷谷駅から春日・白山方面へ歩いていた。

七月初旬のその日は、日差しが強く気温も高かった。大きな会社やマンションが立ち並ぶ通りを、ハンカチで汗をふきながら歩いていると出汁の香りが鼻をかすめた。

お昼前で空腹だったこともあり、香りに誘われるように一軒のうどん屋へ入った。

店内に客は一人もおらず中央の椅子に座ると、会議用机のようなデコラのテーブルがあった。

「まあ、田舎の店に行けばあるよな」

そう思いながら壁にあったお品書きに目をやった。

「ん？　いやにリーズナブルな価格設定だな」

うどん・そば百二十円、天ぷらうどん百八十円、当時はチェーン店のうどん屋などはなく、普通の店なら安くても三百八十円はする。

「大丈夫かいな」

いぶかしく思いながらもKさんは百八十円の天ぷらうどんを注文することにした。

「はいよ」

おばちゃんが水を持ってきてくれた。

喉もカラカラだったのでいっきに飲み干したが生ぬるい。

見ると氷も入っていない。しかも店内は暑くてクーラーもきいていなかった。

完全に店の選択を失敗したな、とあたりを見回すと扇風機が気になった。よく見ると羽の部分がプラスチックではなく鉄でできている。それがカラカラと回っている。

「うわ、現役かいな」

厨房側の上の方には白黒テレビがあり、時代劇のような番組が放送されていた。

「録画でビデオ接続やろな」

机の上に置いてある雑誌を手に取るが、それもいつの時代やという感じだった。

店の様子に唖然としていると天ぷらうどんが運ばれてきた。

「うっまー！」

これがびっくり！　うますぎる！

〝ズズッズズー〟

感激していっきにすすった。

同時に汗がドバっと出てきた。もう一杯頼もうとしたが扇風機しかないし、約束の時間も迫ってきている。帰りにもう一度寄ることにして千円札を出した。

「ごちそうさま」

「あーい」

出てきたおばちゃんは千円札を手に取り、固まってじーっと見ている。

「え、本物やで。偽札じゃないですよ」

Kさんは焦って言った。おばちゃんは怪訝な顔でおつりの八百二十円をくれたが、驚いたことに五百円札と百円玉三個と十円玉二個だった。三十年前でもすでに五百円札は見なかった。百円玉も裏に稲が描かれた古いものだ。

「これは珍しい」

さらに感激して、帰りも絶対に寄ると決めて店を後にした。


店の外に出るとカーッと日が照り返し暑い。

そう言えばさっきの店、ビールも安かったような気がした。帰りはビールも注文しようと汗だくでフラフラしながら十分ほど歩いて取引先に着いた。

中へ入ると快適なエアコンがききまくり、気持ちがいい。

担当のIさんが応接室に通してくれ、アイスコーヒーをいただきながら商談は滞りなく成立した。クッキーをつまみながら紅茶を飲む談笑タイムとなり、Iさんから昼食に誘われた。

「そういや先ほどめちゃくちゃおいしい店がありましたよ」

「ほう、近所にそんな穴場が。ぜひご一緒しましょう」

再び暑い外に出て先ほどのお店へ向かった。

「私は行ったことはないのですが、うちの社員もたまに行っているようですね。そんなにおいしいんですか？　え？　百八十円!?　めちゃくちゃ安いじゃないですか。そんなんで店の経営やっていけるんですかね」

Iさんとそんな話をしながら歩いていると、横を歩いていたはずのIさんがこつ然といなくなった。

「あれ、え、あれ？」

あたりを見回すと、Iさんが店の扉を開けて手招きしている。

「ここでしょう？　何で入らないんですか？」

Kさんは話に夢中になり、店を通り過ぎて歩いていた。

「すみません、もっと先だと思ってたんで」

Kさんは店に入り、席に座ろうとしたときに違和感を覚えた。

何か違う。

店内を見回す。いや全然違う。

え、これ全然違う店じゃん。

「Iさん、ここじゃないですよ。私が言ってた店はもっと先です」

「え？　そうなんですか、私はてっきりここかと」

冷たいお茶まで出してもらっていたが、店を間違えたことを説明して外へ出た。

しかしKさんがいくら探してもあの店が見つからない。

「もっと先で、そうそう……このコンビニを通り過ぎて、えーっとここら辺……あれ？　おかしいな」

「この辺でうどん屋といったらさっきのところだけですよ」

「そんなアホな。Iさんの会社へ行く前に食べたんですよ。天ぷらうどん、めっちゃうまかったから誘ったのに。え？　なんでないの？」

さらにそれから二人で二回も往復したが店は見つからない。しかたなく最初にIさんが入ったうどん屋に戻った。

天ぷらうどん五百八十円。普通だ。出てきた天ぷらうどんも普通。感激するような味ではなく、まったく違うものだった。

「いやいや今日は暑いし、そういうこともありますよ」

Iさんは気を使ってくれたがKさんはまったく納得がいかなかった。しかし証拠もなく証明のしようがない。これ以上主張して「危ない奴」と思われるのもよくない。

「すみません、寝不足が原因かも」

不本意な言い訳で終わらせた。

「まあまあ、飲みましょう！」

Iさんはつまみを頼み、どんどんビールを頼んで二人で昼間から飲み倒した。

酔っ払って別れたあと、いい気分で茗荷谷駅へ戻る途中で、あきらめきれないKさんはもう一度うどん屋を探してみたが見つからない。

「あのリアルな記憶は何だったんだろう」

呆然と立ち止まっていると、通り沿いの家からおばあちゃんが出てきた。

「今日は暑いねー」

もしかしてこのおばあちゃんなら……とたずねてみた。

「この辺にうどん屋がありましたよね」

おばあちゃんは先ほどＩさんと入ったうどん屋のことを指差す。

「いや、そこじゃなくてこの近くにあるはずなんです」

「ここら辺って、あそこしかないね、うどん屋は。昔はあったけどね。だいぶん前の話よ。うちの隣に」

それを聞いてＫさんは酔いが覚めた。

まぎれもなくそこはＫさんが最初に入った、天ぷらうどんがめちゃくちゃうまいうどん屋の場所だった。しかし現実に目の前にあるのは、レンガタイル張りのビルだ。

「そ……そのうどん屋さんが、ここのビルのオーナーなんですか？」

「いや、どこかに引っ越していかれたんよね」

おばあちゃんはそう言うと家のなかへ戻っていった。

茗荷谷駅から帰る電車のなか、ポケットには天ぷらうどんのおつり八百二十円が確かに入っていた。

Ｋさんはまるで狐につつまれたような気分だった。

マナーさん

せいちゃんは、京都でカフェを経営している。

カフェをオープンする前は一乗寺にあるTという喫茶店で数年間アルバイトをしていた。

T喫茶店は昼十一時から夜七時まで営業し、京都の景観と店内のおしゃれな雰囲気が人気の店だ。野菜中心のおかずやヘルシーな日替わりメニューもあり、ランチ時は混雑する。

このT喫茶店には個性的で魅力的な常連のお客さんが数人いた。

なかでも「マナーさん」と呼ばれる常連さんは際立っていた。

常連といってもプライベートな会話はほとんどなく、本名はどの常連さんについてもほぼわからなかった。そのためスタッフ間でわかりやすいようにあだ名をつけていた。

マナーさんは四十代ぐらいの女性で眼鏡をかけた色白の少しぽっちゃりとした人。なぜ「マナーさん」なのかというと、いつも大きなカバンを持ちマナーに関する本をいっぱい読んで勉強していたからだ。

しかし実際のマナーはなっていなく、ご飯の食べ方はとても汚かったという。

せいちゃんが初めてマナーさんを接客したときも衝撃だった。

ランチの注文を取りにいくと、マナーさんはノートに何かを必死に書いていた。

「ご注文は何になさいますか？」

「きょう言自殺のきょうってどう書くんですか？」

「え」

「きょう言自殺のきょうってどう書くんですか？」

「あ、狂うですわ」

「ありがとう」

せいちゃんは生まれて初めて口に出して「狂うですわ」と言った。

そのあとも毎日、マナーさんはランチを食べにきた。

いつもマナーの本を読んでいるが、たまに離婚届を書いていたり、謎が多いミステリアスな人だった。

閉店後にも店の前に立ち尽くして塀の一点を見つめていたり、大雨のなかで奇声を発してカバンを何回も地面に叩きつけたりするマナーさんをスタッフが目撃している。

せいちゃんがＴ喫茶店で働いてから一年が過ぎようとしていたころのことだ。

出町柳駅から八瀬比叡山口駅までを結ぶ叡山電鉄一乗寺駅近くで人身事故があった。

線路に人が寝ていて轢かれてしまったらしい。

店長が言うには、事故に遭ったのはどうやらマナーさんらしく、お店の近くに住んでいた人であること、近所で噂されていた容姿や年齢などすべてが合致するという。

それを裏付けるかのように喫茶店に毎日来ていたマナーさんは、それ以来ピタリと来なくなり、近所でも目撃されなくなった。

それから三ヶ月後、店長が店に来るなり真面目な顔で言った。

「昨日マナーさんが歩いていた」

店長が夜八時ごろに店を出て帰宅しようと駅まで歩いていると、目の前からマナーさんが歩いてきたという。

「生きてたんだ」

店長は一瞬、声をかけようとしたがやめた。

いつも見ていたマナーさんではなく、どこか生気が感じられなかったからだ。

大きなカバンも持たず、目の焦点も合っていない。

思わず店長は目を伏せた。

息を殺してすれ違うのを待った。

数秒が経ち、恐る恐るふり返って見るとそこには誰もいなかったそうだ。

犬の話

関西で美容室を経営しているＦさんは、大きな柴犬を飼っていた。

お店にも柴犬を連れていき、看板犬としてお客さんにもかわいがられていた。

自宅から美容室までは一キロぐらいある。Ｆさんは台風などでどうしても外に出られないとき以外、自宅から店まで散歩がてらその柴犬と毎日歩いていた。

店はエントランスで受付し、その奥に施術室があって、椅子が四つほど並ぶ。スタッフも数名いた。

柴犬はエントランス部分につながれ、お客さんの送り迎えをしていた。

ある日、珍しいお客さんが来た。

六十歳手前ぐらいの男性で、本当に珍しいことに約十年ぶりの来店だと言う。

Fさんはその男性を覚えていた。

とても印象深かったからだ。

十年前にその男性を担当し、カットしていたときに交わした会話が思い出された。

「にいちゃん、ワシな犬としゃべれんねや、ほんまやで」

「あ、そうなんですか？　犬の気持ちが仕草とかでわかるんですね！」

「ちゃうねん、ちゃうねん、マジでしゃべれんねん！　話ができんねんて」

「えー、またまた！　犬の気持ちがわかるとかでしょ？　本とか売ってますよね」

「ちゃうねん、ちゃうねん、トーク！　トーク！　トークができんのよ」

Fさんは店の顧客リストを見た。

確かにあのお客さんだ。犬とおしゃべりできる人だ。

十年前はお店に犬はいなかったが、いまはいる。もしかしてと思い、Fさんはカット中に話を切り出した。

「あの……十年ぶりですよね？」

「おー、にいちゃん覚えててくれたんか？　全然あれから来れんくなってな。ほかのところに浮気してたわ」

「あの……昔、来てくれたときに犬とおしゃべりできると言ってませんでしたか？」

「おお、そうそう、それワシやワシ、犬としゃべれる言うとったやろ」

「実は今日見たと思うんですが……」

Fさんは受付の柴犬を指差し、自分が飼っていることを説明した。

その上で、もしよかったら柴犬が自分のことをどう思っているのか聞いてみたいと相談した。

「わかった。それじゃ散髪終わったらいっちょ聞いてみよか」

施術が終わり、おじさんは受付で寝ていた柴犬を起こした。

Fさんはほかのお客さんを担当しながらその様子を眺めていた。

おじさんは柴犬に顔を寄せ、見つめ合い、うなずきながら話をしている。

数分後、おじさんが戻ってきた。

柴犬は顔を伏せ、こちらを見ている。

「どうでしたか？」

「あんた、あれやな。毎日散歩がてらワンちゃんと一緒にお店に来てんねんな」

「ああ、そうです。普段相手ができないしと思って、喜んでくれてます？」

「そうか、うーん……あれな、えー……」

　おじさんは少し言いにくそうにしている。

　受付の柴犬も顔を伏せつつ、こちらを見ている。

「どうしたんですか？」

「そうやな、彼が言うにはやな、気持ちはうれしいんやけど、別に散歩せんでもええみたいやねんな」

「え!?」

「ちゃうねん。気持ちはうれしいらしいねんで、ほんまに。でも犬＝散歩好きではないのよ全員が」

　Ｆさんがよかれと思ってしていた散歩は、柴犬からしたらわずらわしかったらしく、まさかのインドア派の犬だった。

　でも柴犬もＦさんの気持ちはうれしい。本当は家にいたいのに、気をつかって渋々出かけてたと言う。

Fさんは多少の雨の日や遅刻しそうな日もバイクでは行かず、気をつかって柴犬のために散歩に行っていたのに、とても気恥ずかしくなった。

「でも気持ちはうれしいと言ってる、ほんまに。それやし感謝してるで。店も好きやしお客さんもかわいがってくれてる。なので、毎日はええからそうやな……週二回ぐらいが限度ちゃうか？」

Fさんは勝手に犬は散歩好きと決めつけてたのを悪いと思い、今度からは週二回にすることにした。

考えもしなかったが犬にもいろいろな性格の子がいるんだなと思った。

「あとな、散歩コースやねんけど、家から出てまっすぐ行って、高架下を通るやろ。で、突き当たりを左に行くやろ。そこでこの子いっつも立ち止まらへんか？」

Fさんはびっくりした。

散歩コースを当てられたからだ。

確かに犬と会話しているとしか思えなかった。

そして突き当たりで柴犬は必ず毎回止まる。

本当にそこで立ち止まる。当てられて震えるぐらいだった。

犬だけが嫌がる匂いなどあるのだろうか？

ひどいときは動かない柴犬をFさんが持ち上げるほどだった。

「そこな……人間の霊能者にはわからんと思うねんけど犬専門の霊道やねん。亡くなったワンちゃんがいっぱい歩いてんのよ。だからめっちゃ恐いねんて。だから外したって。そのコースは、絶対やで。恐いねんて」

そう言うとおじさんは「また来るわ」と帰っていった。

柴犬は受付で伏せの状態から顔だけ起こし、上目づかいでこちらを見ていた。

ガジばあ伝説

京都の西に「桂」と呼ばれる小さな町がある。ここはかつて頭に白布を巻きつけた女性たち「桂女」が住んでいたと言われる。桂女は鵜飼、鮎や飴の行商、遊女、祈禱師など時代によって異なる、さまざまな役割を担ったという。

Rさんは京都生まれ京都育ちで、桂で育った。桂の地元の子供たちの間である都市伝説が有名だった。

桂には「ガジばあ」という老婆がいる。ガジばあはいつもボロボロの服を着て、旅行用のキャリーバッグを引いて普通に町内を歩き回っている。Rさんも小学六年生のときにガジばあに会ったことがある。

母と二人で買い物から家に帰る途中、前方からかなり腰を曲げてキャリーケースを引いた老婆がゆっくり歩いてきた。Rさんは思わず言ってしまった。

「うわ！　ガジばあや！」

横にいた母親がRさんを叱り、ガジばあに向かってあいさつをした。

「熊谷さん、こんにちは」

ガジばあはニッコリ笑って優しくあいさつを返してくれた。

「こんにちは、今日は暑いね〜」

ガジばあと呼ばれている老婆は、実は「熊谷さん」という人で、子供たちがその不気味な容姿から勝手に都市伝説にしてしまっていただけなんだ、とこのときRさんは反省した。

しかしRさんはガジばあの右手に抱かれている物を見て背筋が凍った。

それはおそらくフランス人形なのだが、長い髪があるのは左半分だけで、右半分は無残にむしり取られているようだった。それを抱いているガジばあが、普通に話せる普通のおばあさんとわかり、よけいに不気味に感じた。

そしてガジばあは去っていった。

「あの人と話したらあかんで」

母親はRさんに言った。

母親が言うには、ガジばあは普通に会話はできるけど、夜な夜な一人暮らしの家で叫び回ったり、抱いている人形に「愛してるよ、愛してるからね」と言ったりする人なのだそうだ。

「変な人やなぁ」

そう思ったが、小学生のころは地元の都市伝説というよりも、ただのボケているおばあちゃん、という認識だった。


それから数年後、高校三年生になったRさんが、兄が運転する車で家の近くにある踏切に差しかかったとき、隣に座っていた母がつぶやいた。

「ああ、ここの踏切、嫌やわぁ。ここで熊谷さんが飛び込み自殺したんやで」

このときまでRさんはガジばあの存在をすっかり忘れていた。

「え、それ、いつの話？」

運転していた兄の質問に母が答えた。

「もうけっこう前よ、二年くらい前かな」

ところが兄は笑いながら言う。

「嘘つくなや、もうええって」

そのあとも嘘やない、もうええってと母と兄の押し問答は続く。

「熊谷さんやったら先週見たで」

「しょうもないこと言わんとき」

母は兄が冗談を言っていると思い、そのときはそれで話が終わってしまったが、Rさんは何か嫌な感じがした。


それから二、三日後、高校3年生のRさんは進学する大学も決まり、あいた時間を利用して運転免許を取りに毎日教習所に通っていた。

教習所は家から自転車に乗って二十分ほどで、いつも昼に家を出て夕方には帰っていたのだが、その日はたまたま講義が長引き、家に着くのは夜になりそうだった。

いつものように携帯電話にイヤホンをつないで、音楽を聴きながら自転車をこいでいると、踏切に差しかかった。

そこは数日前、母と兄と三人で通った踏切だ。

あたりは真っ暗になっていたので不気味に感じ、なんか嫌やなぁと思いながら、ふと視線を左下に向けると、線路横にたくさんの花束や御供物がある。

ガジばあの物だと思った。

しかし母が言うようにガジばあが二年前に亡くなったのなら、いまでもたくさんの御供物があるのは変では？　そう思ってもう一度よく見ると、ど真ん中に白いハイヒールがあることに気づいた。

Rさんはゾッとした。

小学校のころ一度だけ見たガジばあの姿は遠い記憶なのであまり覚えていないが、老婆なのにハイヒールをはいているというアンバランスな姿だけはハッキリと覚えていた。でもそれがなぜここにあるのか？

怖くなり視線を自分の足元にそらすと、自分の右隣に誰かが立っている気配がする。

下を向いているので足元しか見えなかったが、その右隣の誰かは白いハイヒールをはいている。

「あかん、ガジばあや」

その足は妙に細く、とても老人とは思えないものだった。

Rさんが怖すぎて目をギュッとつむった瞬間、聞いていた音楽がブチっと切れた。

「えっ」

目を開けると同時に電車が通り過ぎ、踏切が開いた。

Rさんはふり返ることなく全速力で自転車をこぎ、家に帰った。

帰宅するとすぐに、リビングにいた兄に先ほどの出来事をすべて話したが、兄は笑って信じてくれなかった。

「そんなん偶然やろ」

そのあともどれだけの恐怖だったかを力説したが、徐々にRさんも冷静になってきた。確かに兄の言う通り、たまたまそこに同じハイヒールをはいた人がいただけ、携帯電話は充電が切れただけ、そう思うようになっていった。そもそもハイヒールの足は若い女性だった。

自分の勘違いだったと思った瞬間、当時飼っていた柴犬が急に玄関の方を見てガルルル……と威嚇しはじめた。

犬は玄関に走りだし大声で何度も吠える。

夜だったので近所迷惑になるから吠えるのをやめさせようとしたが、何をしてもやめない。普段吠えることなどないおとなしい犬が、どうしたんだろう。

「お前、連れてきたんちゃう」

「そんなわけないやろ！」

兄の言葉に冗談まじりで返したが、それから一週間後に飼い犬は死んでしまった。

まだ六歳。寿命とは言えない年齢だった。

動物病院で診てもらったが、急激に肺が悪化して最期は眠るように息を引き取った。

「いま思うとあの子が守ってくれたのかな」

Rさんはそう思っている。

数年が経ちRさんは昨年久しぶりに実家に帰った。

近所に住む顔なじみのおばちゃんの家で談笑していて、ふと、ガジばあのことを思い出した。

「おばちゃん、ガジばあっておったよな？」

おばちゃんは神妙な表情をして言った。

「熊谷さんね、変な人やったね」

おばちゃんはガジばあと親交があって昔は二人で旅に行くほどの間柄だったそうだ。詳しく聞いてみると、ガジばあは京都大学の出身でエリートだった。

結婚して子供を三人授かったそうだが、とても厳しく教育し、ときには子供に手をあげることもあったとか。

「もうこんなことやめてくれ、これは教育じゃない」

旦那さんは何度もそう言っただが、ガジばあの行きすぎた教育方針は変わらなかった。見かねた旦那さんは子供三人を連れて夜逃げのようにガジばあの前から姿を消したそうだ。

それ以降、急に一人になってしまったガジばあは気が狂ってしまい、これまで真面目に参加していた町内会の集まりにも姿を見せることがなくなり、家にこもるようになった。そんなガジばあの唯一の外出が散歩だった。

ガジばあは子供たちの代わりなのか、フランス人形を片手に散歩するようになった。いつも持ち歩くスーツケースのなかにはフランス人形が二体入っていて、抱いている人形も含めて合計三体の人形を自分の子供だと思っていたのでは、と言われている。

そして子供たちに厳しすぎた教育を反省したのか、フランス人形には何度もキスをしたりなで回したり、ときにはなめ回したりし、その想いが強くなりすぎて髪の毛を何度も噛んで引っ張っていたらしい。

この話を聞いてピンときた。Rさんが小学生のころに見たガジばあが抱いていたフランス人形は、右半分の髪がなかった。

あれは口で何度も髪を引っ張っていたからそうなったのではないか。

そしてその頭を噛む姿、ガジガジするおばあちゃんだから、ガジばあと呼ばれるようになったのか……。

なんだか不気味な話だなと思っていたそのとき、おばちゃんが古い写真を見せてくれた。

「熊谷さんはね、若いころはきれいだったのよ」

写真に写るのはガジばあなんて言われるようなおぞましいものではなく、とてもスラっとした姿で気品さえ感じた。その写真のガジばあは白いハイヒールをはいていて足はとても細かった。

Rさんは思った。あのとき踏切で見た足はやっぱりガジばあだったのではないか。

ガジばあは確実にあのとき、そばにいたんだ。

私は関西で育ったがガジばあのことは聞いたことがなかったので、気になって実際に桂を訪れた。

ガジばあこと熊谷さんが亡くなった踏切近くで、ガジばあのことを聞いてみたが誰一人覚えている人はいなかった。

しばらく歩くと踏切の前に古い本屋さんがあった。ここなら事故のことを知っているかもしれないと思い、ガジばあのことを聞いてみた。

「いまから十二〜三年前にこの踏切でおばあさんが亡くなられたの、ご存知ないでしょうか？」

「いやあ、わからないね。そもそもここは事故が多いしねぇ」

結局、何も収穫がないまま、私は駅へ戻ろうと思い、踏切を渡った。

渡る途中、踏切の真ん中で、ガジばあが最後に見た光景はこれなのかと思うと、とても寂しくなった。

シュガーポット

山崎さんの母親のみさこさんは広島で喫茶店を経営していた。

店内は入って右側にカウンター、左に二人席が二つと四人席が二つ、合計二十人ほどが入れた。いわゆる昔ながらの喫茶店で、一杯ずつていねいにドリップされたコーヒーもおいしくて評判だった。

営業時間は朝十時から夜七時までで、みさこさんとバイトの女の子が働いていた。

山崎さんも子供のころはよくお店に行っていたそうだ。

お店は繁盛し、常連客も多かった。そのなかに平田さんという人がいた。

平田さんは七十歳ぐらいの男性で、いつもお昼前に一人でやって来て、軽食とコーヒーを注文する。オープン当初から通ってくれている気の優しいお客さんだ。

二時間ほど滞在して帰るのが彼のルーティンで、ほぼ毎日来店していた。

平田さんが座る席は決まっていて、カウンターには座らず、入り口手前の左側にある二人席に一人で座る。

あるとき平田さんは

「これ、僕専用ね」

と言い、真鍮製のシュガーポットを持ってきて、そのまま席に座り、シュガーポットを机に置いた。

常連さんで気心も知れていたので、みさこさんはあきれつつも承諾した。

その日の営業時間が終わり、店内の掃除をしつつ、みさこさんはテーブルの角砂糖を補充した。平田さん専用のシュガーポットにも補充してあげようと蓋を開けると、角砂糖は中にいっぱい入っていた。

次の日からその席だけはシュガーポットが二つになった。

ほかのお客さんからもたまにシュガーポットについて聞かれることがあったが

「常連さんが勝手に持ってきたのよ。砂糖は全然使っていいからね」

と説明していた。

それからもほぼ毎日、平田さんはお店に来て軽食を食べ、コーヒーを飲んで帰る。

シュガーポットが持ち込まれて少し経ったころ、バイトの女の子が不思議そうにつぶやいた。

「そういえば平田さんが持ってきたシュガーポットの角砂糖、減らないですよね？」

店内の片付けは二人でやるときもあれば一人のときもある。みさこさんが見たときも、いつも角砂糖はいっぱいだった。

みさこさんはてっきりバイトの女の子が入れてくれているものだと思っていた。

二人でこれはどうやら平田さんが自分で角砂糖を入れてるんだなと話し、納得した。

それから一ヶ月が経ったころ、平田さんがパタリと来なくなった。常連だったがほぼ会話はなくプライベートなことはあまり知らなかった。

その後、ほかの常連から平田さんが亡くなったと聞いた。

お店に残された平田さん専用のシュガーポットは捨てるのも気が引けるので、みさこさんはいままで通り使うことにした。

しかし不思議なことに角砂糖がいっこうに減らない。以前は平田さんが入れていたと思っていたが本人は亡くなって来店していないし、ほかの客が入れたとは考えにくい。バイトの女の子と一緒に、だんだん不気味に思うようになっていった。

閉店後、二人で相談して平田さんのシュガーポットの中身を空にしようと決めた。角砂糖を全部捨てて、中身を洗いカウンターに蓋を開けた状態で置いた。

「これで大丈夫でしょう」

みさこさんはそう言って二人で店を出た。

次の日、バイトの女の子が出勤して気づく。

「あれ？　蓋が閉まってる？」

なぜかシュガーポットの蓋が閉まっていた。恐る恐る蓋を開け、中をのぞいた瞬間。

「嫌っ！」

彼女はそう叫んで蓋を落とし、おびえた表情でゆっくりみさこさんを見た。

みさこさんもシュガーポットの中をのぞいた。

そこには真っ赤に染まった角砂糖が一つだけあった。

深夜に戸を叩く

Nさんの母方の実家は山形にある古いお寺だ。母の親戚や兄弟も、ほかのお寺で住職をしている。そのなかのある住職さんの寺には、まれに檀家さんがあいさつに来ることがあると言う。だが生きている者ではない。

深夜に寺の戸を叩く者がいる。

「遅いから明日にしてくれ」

そう言っても帰らない。

しかたなく戸を開けてみると、そこには見知った檀家さんがいる。

しかしその人は病気で寝たきりのはずだ。そんなことを思っていると

「お世話になりました」
と小さい声で言い、いつの間にか消えている。

ある年の一月初旬、また深夜に戸を叩く者があった。
またかと思い
「遅いから明日にしてくれ」
と言っても戸を叩くのをやめない。
しかたなく戸を開けてみると目の前が真っ白になった。
よく見るとそれは三、四メートルはあろうかという大きなまんじゅうだった。
驚きつつもよく見ると巨大まんじゅうの真ん中に何か書いてある。
「大、吉」
まんじゅうの真ん中に大吉と焼印が押してあった。
あまりの出来事に茫然としているうちにまんじゅうは消えた。
その年は檀家さんの訃報が一つもなかった。

不意な来訪者

奈良県と大阪府の境にある大和葛城山には、恐ろしい魔物・土蜘蛛の話や修験道の開祖・役小角《えんのおづぬ》の伝説が残る。この山の麓に酪農カフェ　酪（らく）がある。通常サイズの十二・五個分ほどある「バケップリン」はＳＮＳでも話題だ。

酪の店主は「役小角」の萌えキャラ「役小角奈」ちゃんを作った人でもある。

昔は勤め人だったが数年前に会社を辞め、葛城山の麓で喫茶店を開業した。

周りは田んぼと牧場や牛舎があって田舎の風景が続く。週末は観光客やバイク乗りたちでにぎわっている。

その日はあいにくの雨だったが全席が埋まるほど人にぎわいだった。

店内のお客さんをすべて送り出し、最後のテーブルを片付けているときに異変に気づいた。もう誰もいないと思っていた店内にいつの間にか少年が立っている。

少年は丸刈りでランニングシャツを着ており、カーキ色の半ズボンに裸足で、雨のなか転んだのか全身がドロドロになっていた。顔は土色で骨が浮くほどやせ、青っぱなを垂らしてうつろな目でコチラを呆然と見ていた。

「え……？　もしかして幽霊……？」

ゾッとして全身に鳥肌が立った。動けないまま固まっていると少年が口を開いた。

「オッチャン？　ココなんや？」

人間か……とひと安心して「ここは喫茶店やで」と答えるとまた質問された。

「喫茶店ってなんや？」

「そやな、レストランみたいなもんか？」

「ふ～ん……」

なんだか変わった子だなと違和感を覚えつつ、少年の格好とやせ具合を見て心配になり、これは保護したほうがいいのではと考えた。

「上がっていき！　何か食べて行くか？」

「お金あれへん」

「オッチャンおごったるから、上がって上がって！」と店に招き入れた。

少年はうれしそうに足もふかずにベタベタと店に上がって奥の席に腰かけた。もちろん床は泥だらけだがあとで掃除をすればいい。まずは水を飲ませた。

少年はコップの水をいっきに飲み干して「おかわり！」と元気に言った。

よほど喉が渇いていたのだろう。水をもう一杯くんでやった。

「カレーがあるから食べるか？」と聞くと「え、カレーってなんや？」と答える。

「え、カレーってご飯の上にやな……えー、カレーのルーをかけて食べるやつや」

「あ、ライスカレーかいな」

ライスカレーとはまた、いまどきは聞かへん言葉やなと店主は思った。

「僕、ライスカレー好きやわ。カレーは黄色いのが好きや。黄色はええな。黄色は」

カレーを温めてテーブルに置いてやると少年はおいしそうに勢いよくカレーを食べた。一心不乱にカレーをほおばっている少年がまた水をいっきに飲み干したので店主はおかわりを持ってくるため、元土間だった一段下がった隣の台所に向かった。台所でコップに水を入れようとしたとき、先ほどまで聞こえていたスプーンと皿が立てるカチャカチャした音、少年がムシャムシャと噛む音がピタッとやんだ。

一瞬にして店内は無音になり、静寂が訪れた。

恐る恐る戻ってみると先ほどの少年の姿はなく、あんなに食べていたカレーにもまったく手がついていない。それどころか泥だらけで上がってきた足跡もいっさいついておらず、床はきれいな状態だった。

数日後、役小角の出生地と言われる吉祥草寺に行って、店主は不思議な少年のことを住職に話した。すると住職はこんなことを教えてくれた。

「それは私が口に出しては言えない存在です。それは一〇八通りの姿を持っており、自分がいま思っている一番汚くてみすぼらしい姿で突然目の前に現れるんです。そのときに何かを話しかけてきます。その存在に施しをしたら良いことが起き、もし追い払ったら……まあそういうことですわ。最近ではめったに聞かなくなった話ですが、あなたは施しをしたんでしょ？　だったら今後きっと良いことがあると思いますよ」

笑いながらそう話してくれた。

住職が言う〝口に出して言えない存在〟とはいったい何なのだろう……？

その後、「酪農カフェ 酪」はそれまでライダーさん中心のお店だったのが、いまでは一般のお客さんも増えて、ますます繁盛している。

関東の幽霊屋敷

私の知り合いにＴさんという、生粋の怪談マニアがいる。

関西在住のＴさんは、心霊スポットやいわく付きの場所にたびたび出かけるほどの〝怖い話好き〟なのだが、実際に何かを見たり、不思議な現象に遭ったりしたことはなかった。

しかし、数年前に一度だけ、奇妙な体験をしたのだという。

きっかけは、関東にある一軒家を訪ねたことだった。

その家は庭付きの、古い二階建てだった。

所有していたのは、会社を経営するＹ社長で、もとは社員研修の寮として使用していたそうだ。

しかしY社長によると、その家では夜になると気味の悪い現象が起きるのだという。

なんでも、庭から〝ズズズ、ズズズ〟と何かが部屋に這い上がる音と気配がする。そして〈それ〉は階段を〝ズチャ、ズチャ〟と粘っこい音を出しながら上がっていき、二階にたどり着くとこつ然と気配が消える。

かと思うと再度、庭から部屋に這い上がり、同じようにして二階に上がっていく。それを朝まで何度もくり返すのだ。

床を這っている感じや階段を上がる音などを考えると〈それ〉は子犬ぐらいの大きさがあるのだという。

その家に宿泊する社員たちは、朝から厳しい研修を受け、夜にはその気色悪い現象に耐えなければならないのだから、たまったものではなかった。

ついには研修中に音を上げる者も出てきてしまい、Y社長もその家を敬遠しはじめ、いまでは買い手を探しているとのことだった。

関東に来ていたTさんは、ふらっと入った飲み屋でY社長と知り合った。

「私は怪談マニアなんですよ」

Tさんがそう口にしたところ、Y社長はその一軒家の話を始めた。

思わぬ話に興奮したTさんは、Y社長に持ちかけた。

「明日、その家に行ってもいいですか？」

明後日には関西に帰らなければならなかったが、翌日は特にやることもなく、どうしようかと思っていたところだったのだ。

「あんなところ、行かないほうがいいですよ」

Y社長はそう言いつつも、しばらく足が遠のいていた家の様子が気になったのか、それともTさんの熱意に圧されたのか、渋々了承してくれた。

家まではY社長が案内してくれることになったが、

「やっぱり私は近づきたくない」

とのことで、中にはTさん一人で入ることになった。

翌朝、Tさんはその家に向かった。

Y社長の車で向かう道中、Tさんは家の中を這いずり回るものはいったい何だと思うかたずねてみた。

「あそこは生首が出るんですよ……」

Y社長はそう答えた。

「社員のなかに、確かめてやると言って夜中に階段前で待ちかまえていた者がいましてね。そいつが見たんです。〈それ〉は動物ではなくて、髪をふり乱した人間の男の生首だったようです。社員は生首と目が合ったらしく、その瞬間に気を失ってしまいました」

Tさんはその日、その家で一泊することに決めていた。

生首をこの目で確かめてやる――そんなふうに意気込んで。

そして家に到着すると、Y社長は玄関前で

「明日の朝、また迎えにきます」

と言い、すぐに帰っていった。

Tさんは引き戸をガラガラと開けて、中に入った。

研修用の寮だっただけに、立派な玄関の壁には社訓が書かれていた。

しばらく人の出入りもなかったようで、蜘蛛の巣が見える。

靴を脱いで部屋に上がると、一階には事務机が何個も置かれていて、その上にはホコリを被った書類が山積みになっていた。

奥には六帖ほどの和室があり、その先に庭が見えた。

庭には大きな樹が植えてあったが枯れていた。それがなんとも不気味だった。

そしてTさんは二階に上がり、夜を待った。

夏だったので寒くはなかった。

しかし、暗くなってしばらくしても、「生首男」はいっこうに出てこない。

数分おきに一階に降りて、庭を確認したり階段で待ったりしていたが、結局何も起きないまま朝を迎えてしまった。

朝になると、約束通りY社長が迎えにきてくれた。

「何も出ませんでした。残念です」

Tさんはがっかりしながら、すぐにやらなければならない仕事もあったので、その日のうちに関西へと帰っていった。


当時、Tさんは両親と一緒に、三人で暮らしていた。

あの家に泊まってから数日後。

関西の自宅でＴさんは両親が騒ぐ声で目を覚ました。

何事かと思いながら、二階の部屋から下りていくと、なぜかトイレのマットが血だらけになっていた。

しかし、両親とも特に怪我はしていない。

Ｔさんは自分の身体を確かめたが、もちろん怪我はしていないし、そもそも昨日の夜からトイレにも行っていなかった。

三人とも身に覚えがなく、謎は解決しないままだったが、Ｔさんの母がとりあえずマットを捨てて、話は終わった。

その日、Ｔさんは仕事が休みだったので、二階の自室に戻ってもう一度眠りについた。

Ｔさんが再び目を覚ましたのは、お昼ごろだった。

だるい身体を起こして一階に下りていくと、今度は父と母がぶつぶつ言いながら、リビングの床を一心不乱に拭いていた。

「何かが這った跡があるねん、部屋中に」

父母は床を指差した。

そこには赤黒い液体が渇いた跡があった。

それはナメクジが這ったように、いびつな線となって部屋中に残されていた。

それを見て、Ｔさんの頭によぎったのは、あの一軒家のことだった。

「いや、まさか……。こんなことって……」

そう思った瞬間——

「お前が悪いんや、お前が悪いんや、お前が悪いんや……。お前のうえ、お前のうえ、うえ、うえ、うえ、うえ……」

両親がそう言いながら、Ｔさんの頭上を指差した。

突然の出来事に恐怖を覚えながら、Ｔさんがゆっくりと天井を見上げると——真上から、真っ赤な目を見開いたどす黒い顔の男が、じっとＴさんをにらんでいた。

あまりの衝撃に、Ｔさんは自分の意識が薄れていくのを感じた。


次にＴさんが目を覚ますと、そこはリビングだった。

先ほどの出来事は、もしかして夢だったのか？

それなら助かった……。

安心して家の中を見渡すと、もうずいぶん時間が経ったらしく、Tさんの母は台所で夕飯の支度をしていた。

「もうすぐご飯できるからね」

Tさんの母は背中越しにそう言うと、くるりとふり返り、Tさんを見つめた。

そして声には出さずに、口だけを動かして、確かにこう言った――。

「お　ま　え　が　わ　る　い　ん　や」

その後、Tさんは近所の神社にお願いしてお祓いを受けた。

幸いそれ以来、自宅では奇妙なことは起こらなくなったという。

宿直

かつてNさんは自衛隊のサーバールームに勤務していた。

その部署には当直勤務がある。当直は通常とは異なる業務・作業を行い、日中勤務だけでなく夜間勤務もあった。基本的に二人の隊員で作業を行い、一人が作業しているとき、もう一人は仮眠室で休憩をとる。

当直勤務のある日、サーバールームでの作業の交代時間になり、Nさんは仮眠室で休憩をとることになった。

仮眠室には二人のための二段ベッドが用意されている。

自衛隊のベッドは、いわばチェックインしたてのホテルの部屋の、きれいな状態のベッドのようだとNさんは言う。シーツがピンピンに張られており、そこに潜り込むかたちで、身動きが取れない状態で仮眠をとる。


Nさんは一段目のベッドに入り、つかの間の休息をとるために瞼を閉じた。

身体をリラックスさせ眠りに入ろうとしたとき、近くで人の気配を感じた。

Nさんの体に当たらないようにベッドの縁を時計回りにゆっくり歩いている。

歩くたびベッドが沈み、重みを感じる。

〝ギシー、ギシー〟

音を立てている。

なんだか一生懸命に歩いている感じがした。

そのときたまたまNさんはシーツを頭までかぶって寝ていたため姿は見えない。

最初はもう一人の当直担当が二段ベッドの荷物でも取りにきたんだろうと思って様子をうかがっていた。しかしいっこうに歩くのをやめない。

「こいつは作業もせず何をしているんだ？」

Nさんはだんだん腹が立ってきた。

Nさんの体の周りを何度も歩き、ちょうど頭の上あたりに来た。
いよいよ文句を言ってやろうとシーツをめくろうとした瞬間。
〝バサ――〟
Nさんの頭のほうからまるでプロレスのボディープレスのようにダイブしてきた。
シーツ越しにNさんの顔にそいつのお腹が当たる。
「え……子供……」
おおい被さってきた感じが明らかに子供の重さだった。
相棒の隊員だと思っていたNさんは一瞬訳がわからず、シーツをめくり体を起こした。
誰もいない、暗く静まり返った仮眠室。
得体の知れない恐怖を感じ、しばらく呆然とした。
いまのは何だったのか。
しかたなくベッドから降り、戸を開けサーバールームを確認した。
サーバールームではもう一人の隊員が作業をしている。

ここにはもちろん二人しかいない。

ましてや自衛隊の駐屯地。

深夜に子供が入ってくることなど考えられない。


Nさんはある隊員の言葉を思い出した。

Nさんがいる場所は日中、二十人ほどの隊員が勤務している。

その隊員の一人が言っていた。

「仮眠室で寝てたら窓の外によう子供が走るんや。ありゃ人間じゃないな」

Nさんは言う。

「自衛隊に勤務してたときはそういうことはよくありましたよ。まあ、そんなこと普通ですわ」

飛び降り

大阪に仕事で行くと、いつも鳥居さんが部屋に泊めてくれる。これは鳥居さんがいまも住んでいるマンションでの出来事だ。

二十年くらい前の年末に友人二人が遊びにきた。話が盛り上がって夜中になったが、まだまだ続きそうなのでみんなでコンビニにでも行こうかということになった。

ちょうど明日は年内最後のゴミ収集日だったので、ついでにゴミも出してしまおうと、いつもはマンションの正面玄関から出るが、裏口にある駐車場を通ってゴミ集積場に行くため、友人二人にもついてきてもらって駐車場に出た。

すると駐車場の真ん中あたりに寝ている人がいて、男性二人がその横に立っていた。

こんなところで、と違和感があったのだが、年末で酔っ払って寝てしまったのかなと思い、立ってる男性二人にあいさつがてら話しかけてみた。

「大丈夫ですか？」

「ドーン！　って音がしましてね……」

二人はそれぞれ二階と三階の住人で、大きな音がしたので見にきたら人が倒れていたそうだ。

すでに警察と救急車には電話したとのことで、鳥居さんは自分がここにいてもしかたないと思い、立ち去ろうとしたその瞬間、最初に感じた違和感の理由がわかった。

倒れているのは女性だったが、両足の爪先がペターンと同じ方向に倒れている。

きっと足の骨が砕けてそうなったんだろう。

鳥居さんの友人二人はショックを受けていたようだった。

「死にたいと思って死んだんだったら、幸せかもしれないよ」

そんなことを言って鳥居さんは場を和ませようとしたが、その夜はどんよりした雰囲気のまま解散となった。

それから年も明け、数日経ったある日の昼過ぎ。

マンションの自室に帰ってきて玄関の扉を開けたら、部屋の中に煙がもやっと漂っていた。

「何か火をつけっぱなしで出かけてしまったか？」

鳥居さんは思った。しかし次の瞬間、部屋の中から線香の匂いがした。

そしてなぜかとっさに感じたという。

「ああ、あの倒れていた女性は亡くなったんだ」

倒れていたのは昨年のことだし、別にいま亡くなったわけじゃないよな、とわかりつつ、鳥居さんはその時は確かにそう思ったそうだ。

「それ以降、彼女ができなくなったことくらいしか変化はなく、怖いことも特に起こらなかったんですよね」

彼女ができないことと関係があるかわからんですが……と鳥居さんは言った。

それから何年も経って、あるテレビ番組の撮影を見学しに京都の寺にうかがったときのことだ。

そのお寺の住職の三木大雲さんに、番組のプロデューサーがいまここにいる人のなかに憑かれている人はいますか？　と質問した。

自分の荷物を片付けていた鳥居さんは何か視線を感じ、思わず顔を上げると三木住職と目が合った。

「この方、女性が憑いてますね」

ピンポイントで三木住職は鳥居さんを指名した。そのときドキッとしたのは、三木住職が告げた言葉だ。

「その女性しばらく生きてましたよ」

自分の部屋の玄関開けたときに煙を見て「ああ、亡くなったんや」と感じたことは、真実だったのだとそのとき初めてわかった。

高松の幽霊屋敷

私は怪談ライブに出演するため年に四回ほど四国を訪れている。高松、高知、愛媛たまに徳島にも行く。

数年前、高松での怪談ライブを終えたあと、高木さんという四十歳の男性に声をかけられた。

「田中さん、はじめまして。今日の怪談ライブ楽しかったです」

高木さんとはこのときが初対面だった。

「今晩お時間あったらうちに泊まりに来ませんか？　僕の家、幽霊出るんですよ」

私は俄然興味を持ち、打ち上げも早々に切り上げて高木さんの家に向かった。

家には高木さんの車で向かった。車中で詳細を聞く。

「深夜の一時から四時まで怪奇現象が起きるんですよ、確実に」

高木さんの家に着いたのは深夜〇時三十分ごろ。

家に着いてびっくりしたのはその大きさだった。

一人暮らしをするにはあまりにもデカすぎる家だ。

二世帯は暮らせる二階建ての一軒家で、ベランダと庭付きで駐車場もあり敷地内には大きなシャッター付きの倉庫もあった。車が二、三台は置けそうな駐車場に車を停めて玄関へ向かう。

不思議に思ったのが、玄関の入り口に立っている三本の柱のうちの一本が上から人工的にスパッと切られて無くなっていることだった。

「あ、それ以前住んでた人が、風水的によくないと言って切ったんですよ」

私は家に入り、リビングへ通された。そこには家族が食卓を囲むためのかなり重厚なテーブルがあり、食器棚にはたくさんの器が並び、そのなかには子供のお皿も混じっていた。

「あ、それ前の家族のものです」

かつて住んでいた家族が過ごしていた形跡がそこかしこに残る家。

そこに髙木さんは一人で暮らしている。

私たちはテーブルに向かい合わせで座った。

髙木さんの後ろに大きなキッチンとカウンターテーブル。

私の後ろには引き戸があり、そのすき間から奥の部屋のソファーが見えた。

髙木さんは壁にかけられている時計を見た。
○時五十五分。
「あー、もうそろそろですよ」

冷静に「もうお風呂が沸きますよ」くらいのテンションで言う髙木さんに異様さを感じた。

私は怪談を集めているが懐疑的でもあり霊能力もない。

ある霊能者にはあなたは霊的なものを祓うこともできないし、そもそも受け取ることさえできない、残念な体質だと言われたこともあるぐらいだ。

もちろん自分自身でもそんな希有な体験などできるはずがないと思って疑っていた。

しかしこの目の前にいる男はじっと私の目を純粋な目で見つめている。

嘘をついているとは思えなかった。

五分が経ち、時計の針は一時を知らせた。

何も起きない。

やはり何かの勘違いだろう。

「今日はなぜか何も起きなかったですね」

高木さんにそう言われ、お酒でも飲んで寝ることにした。

そんな夜は私もこれまで何回も体験した。

残念な気持ちと同時に私は安心もした。

〝ジャ――――――!!〟

そのとき高木さんの後ろのキッチンの、ひねるのではなく押すタイプの蛇口から勢いよく水が出た。

私は一瞬、何が起こったかわからなかった。

高木さんは平然と席を立ち水道の取手をキュッと上げた。そしてふり返り少しニヤッとして「始まりましたね」と言った。

〝ザーッザーッザーッザーッザーッザーッ〟

次に家の周りから何かの音がした。

「髙木さんこれは……？」

「ああ、竹ボウキで家の周りをはいてるんすわ」

「だ、だ、誰が？」

髙木さんは少しテンションが上がってるように見えた。まるで怪奇現象を楽しんでいるようだった。

「そろそろ二階から下りてきますよ」

〝ギィーッ、ギィーッ、ギィーッ〟

確かに二階から誰かが階段を下りてくる。私はまるでドッキリをしかけられているかのように思えたが、同時に恐怖も覚えた。

こんなにハッキリと怪奇現象を体験したのは初めてだからだ。

音は一階まで来ると再び二階に上がっていった。

そして何かが崩れたような音が聞こえた。

〝ガタガタガタガタ〟

「ね、来たでしょう。これが朝四時までは続きますので」

「いったいどういうことなんですか？　これは」

高木さんは十年ほど前にこの一軒家を購入したと言う。

相場よりずいぶん安かったのと、実家から近いのが決め手だった。

この家に住みはじめた夜から異変が起きた。

たくさんある部屋のなかから、高木さんは寝室を二階のある一室に決めた。

二階にはトイレを含めて部屋が四つあったが、一番左の部屋に布団を敷いて寝ることにした。

ところが寝ていると誰かが一階から上がってくる音がする。

もちろんその家には高木さん一人しかいない。

気になって確認するが、誰もいない。

もう一度床に着くとしばらくして再び階段を誰かがそろりそろりと上がってくる。

その音はまるで子供が大人に見つからないように忍び足で上がるような音で、しかも裸足であることも想像できた。

その音は二階まで上がりきると毎回、〃ガタガタがガタ〃と何かが崩れたよう音を出してから静かになる。

最初こそ奇妙に思っていたがせっかく購入した家だし、相場より安いといっても大金だ。いつかそんな現象も収まるだろうと高木さんは気にしないようにしていた。

しかし怪奇現象は増すばかりで、竹ボウキではく音が聞こえたり蛇口から水が突然出たり、収まるどころではなかった。

試しに場所を変えて、一階で寝てみたところ

〃ペチンっ〃

誰かにおでこを叩かれた。

仕事から家に帰ると、玄関の靴がきれいに並べられていることもあった。

数えきれない怪奇現象が次々と起きまくっていた。

高木さんがこの家に住みはじめて一年が経ったころ、職場に工務店の社長が訪ねてきた。家を購入する際に壁の補修などのメンテナンスを頼んだのが、この社長だった。

「あんた、なんか変わったことないか？」

社長は唐突に髙木さんにたずねた。

「いや、何もないですが」

髙木さんは社長が何を言っているのか初めはわからなかったが、しつこく様子をうかがおうとする社長に何を聞きたいのかをはっきりたずねてみた。

「いやあ、さっきな、君の家に行ってきたんや」

社長はちょうど近くを通りかかったので、ちょうど一年経った髙木さんの家の外壁が気になり見にいったという。

家の前に着いたとき、二階のベランダから四十代の女性が外を眺めていることに気づいた。

「あれ？　髙木さんは一人暮らしのはずだが……」

そのまま家の周りを確認して玄関に戻ると、先ほどの女性が今度は一階の出窓から外を見ている。そのうつろな目と動きに社長は違和感を覚え、

「この人、生きてない」

なぜかふと、そう思った。

「高木さんあんた一人暮らしやろ？　あの女性は誰なんや。なんか変わったことあるやろう」

それを聞いて高木さんはやっと家の違和感のことだとわかり、一年住んで自分が怪奇現象に麻痺していることを実感した。そこからは堰を切ったように、家で起きていることを社長に話してみた。

「あんたそれな、変わったことって言うんやで」

高木さんはその言葉でハッとした。

「私な、知り合いに特別な力を持った人がおるんや。一回みてもらおう」


仕事終わりに、社長に強引に連れていかれたのは、普通のマンションの部屋だった。

そこには高齢の女性がいた。

女性は高木さんの家の間取りを確実に当てていく。

「ああ、なんか頭痛い痛いゆうとるな。あんた、この家で誰か死んでるやろ？」

そういえば以前住んでいた一家の母親が、脳梗塞か何かで家で倒れて亡くなったと聞いていたのを思い出した。

「その人、この家が好きらしいな。なんで知らん人がおるんやろうって言うてるなあ。あんた帰ったら家の窓を全部開けや。それで、二階に三部屋あるわな。その真ん中の部屋にな……」

それを聞いて髙木さんは、二階はトイレも含めて四部屋だと思い、

「二階には四部屋ありますよ」

と反論した。

「トイレは部屋に入れないのよ」

この人は本物かも、と髙木さんは思った。女性はさらに話を続ける。

「その真ん中の部屋のクローゼットにある鏡台を捨てなさい。あとは私が説得しとくから」

確かに二階の部屋は、寝室以外は一年間ほぼ足を踏み入れていない。

しかもクローゼットは開けていない。

次の日、仕事が休みだったので、女性の言うとおり窓を全開にし、二階へ上がって真ん中の部屋に入った。

クローゼットを開けようとすると建て付けが悪いのか、なかなか開かない。

力を込めてクローゼットを開けた瞬間、

〝ガタガタガタ〟

といつも物音が二階へ上がっていったあとに鳴る音がした。

奥には女性が言うように確かに鏡台があった。

ゾッとした。

恐る恐る鏡台を持ち、工務店の社長を介してそれを捨てた。

その後、怪現象はピタリとおさまった。


「でも、いまなぜまた怪現象が始まってるんですか？」

私は疑問に思って聞いてみた。

「最近、怪談のイベントにハマってよく行くようになって、それでたまに登壇させてもらってるんです。そこでこの家の話をするようになったらまた始まっちゃって……」

　その瞬間、

〝ハンハンハーン〟

私の右耳から左耳へと女性の鼻歌のような声が通過した。

「えっ?」

「えっ?」

高木さんにも聞こえていたようだ。

そしてなぜか二人ともリビングの入り口を見た。

引き戸が少し開いている。そこを白いスカートのようなものが通り過ぎた。

さすがに怖くなり、二人で慌てて裏口から家を出て倉庫に逃げ込んだ。

「やっぱり変ですよね」

そういう高木さんはどこか怪現象を楽しんでいるように見えた。

そのまま朝まで二人は倉庫で過ごした。


いまでも高木さんはその家に住み続けている。

沖縄の事故

田村さんは高校を中退したので卒業旅行を経験していなかった。兄の大学卒業旅行を兼ねて親がお金を出してくれ、沖縄に旅行したことをキッカケに、沖縄にハマった時期があった。

三年続けて友達と沖縄に行き、四回目の沖縄旅行で女の子をナンパして自分たちの泊まっているホテルで飲んだあと、彼女たちの泊まっているホテルまで送っていった。

お酒が飲めない田村さんが運転し、彼女たちを送り届けたその帰り道のことだ。

唐人墓へ行く三叉路を通り過ぎたあたりの、右手が海岸沿いで左手がサトウキビ畑のゆるやかな下り坂で、右にカーブするので田村さんはちょっと減速しようとブレーキを踏んだ。

するとブレーキがスカスカで反応しない。そんなに速度は出してないから曲がれるかなとハンドルを右に切ったら、ハンドルもスカスカで、思わず声を出してしまう。

「うわー！」

進んだ目の前には人が立っていた。

ブレーキもハンドルもきかず、田村さんはそのまま轢いてしまった……と思ったが、それは人ではなく道路脇の電柱で、車に激突された電柱は根元からダルマ落としのように折れ、電線で吊られた状態になっていた。

あとで聞いた話では、助手席に座っていたY君は車がスピードも落とさずまっすぐ進むので、サトウキビ畑のあぜ道に行くのかなと思ったら、田村さんが上げた声で初めてヤバいことになっていると気づいたそうだ。

車を動かすこともできず途方にくれていたものの、たまたま通りかかったタクシーの運転手さんが仕事終わりに自家用車で迎えにきてくれて、なんとかホテルまで帰ることができた。

その後、田村さんたちは警察に連絡し、翌日の大雨のなか現場検証に同行し、おとなしく事故の事後処理をした。

事後処理をした日は、家に帰る日でもあった。帰りの飛行機に乗る前に報告を済ますため、レンタカー屋へ向かう途中で事故現場を通ったら電柱は早くも復旧していた。電柱にはカラスが三羽とまっていた。

「呪われた電柱やで」

友達みんなで冗談を言いながら事故現場を通り過ぎた。

レンタカー屋に到着し事故の報告をしたところ、どうやら警察からは全然違う場所が報告されていることに気づく。

「唐人墓を過ぎて……」

田村さんたちが改めて説明すると、女性の店員が聞き返す。

「海岸沿いでサトウキビ畑のあるゆるやかな下り坂のところ？」

さすが地元の人は詳しいと思ったら、女性店員は店長らしき男性を呼んで何やら話をしている。女性から説明を受けた店長が田村さんたちに言った。

「去年、うちの車に乗った大学生三人が、その道のガードレールを突き破って海に落ちて亡くなったんだよ」

それを聞いた途端、さっきの電柱にとまっていたカラスが急に怖くなった。

田村さんたちはその後は特に何もなく無事に帰宅したが、それ以来、助手席に座っていたY君に、職場でも自宅でも変な現象が多発するようになる。

仕事場ではやたらと人の気配や影を見るようになる。

家では寝ているときに地震が起きて目が覚めても金縛りで動けない、部屋に煙が充満したような気がして「火事か？」と思ったら、煙が人の顔になってこちらをのぞき込んできて煙と目が合う……といった不思議なことが続いたそうだ。

しかしそんなことが起きたのも年末までで、年が明けて関東に転勤になってからは怪異も起こらなくなった。

Y君が転勤した年のゴールデンウィークに、田村さんはY君の新居に遊びにいく約束をした。

四月のなかごろ、彼女がバイトに出かけたあと、一人でボーっとテレビを見ていたら情報番組の沖縄特集がはじまった。

「また行きたいなあ」

「ここ行ったことあるな」

そんなことを思いながら田村さんがぼんやりテレビを見ていると、女性リポーターの後ろにずっと三人組の男が映っていることに気づく。気づいた瞬間、その三人にカメラが近寄って、真ん中の赤いパーカーを来たメガネの男性がカメラに向かって言った。

「やっと見つけた……」

そこで田村さんはハッと目が覚めた。

いつの間にか眠っていたようだった。

彼女を見送ったあと、どのタイミングで寝たのか自分でも記憶がない。

布団から出てコタツに突っ伏して寝ていたので、いったん起きたのは確かだろう。

嫌な胸騒ぎはしたが、その後、特に田村さんの身に何か起きることはなかった。

ゴールデンウィークに入り、Y君に会いにきた田村さんを、Y君は駅まで迎えにきてくれた。

Y君は会って開口一番、言った。

「二週間くらい前からまた怪異が起こるようになった」

田村さんは思った。

「ああ、見つかったのは僕じゃなくてY君だったのか」

知らない男がついてくる

私の母方の祖母は阪神淡路大震災で亡くなっている。生前は天理教を信仰していた。震災後に建て直した祖母の家には大きな祭壇がいまでもあり、けっこう熱心な信者だった。

ある夜、叔父が祭壇の部屋で寝た。

ぱっと夜中に目が覚め、気づくと自分が布団ごと空中に浮いている。

揺れながら浮いており、パワーが拮抗しているような感覚だったと言う。

しばらくすると、天理教の祭壇じゃないほうに吹っ飛ばされた。

吹っ飛ばされた側には仏壇があった。

仏壇と天理教の祭壇の間にいたことで浮いたらしく、それ以降、仏壇と祭壇の位置を変えたことで不思議なことは起きなくなった。

叔父が言うには、八月十五日か十六日に必ず亡くなった祖母が帰ってくると言う。

祖母はいつも天理教のはっぴを着て、拍子木を鳴らしながら帰ってくる。

帰ってきてくれること自体はうれしいが、ちょっと嫌なのが天理教の信者である全然知らない男の人を連れてくることだ。

ニコニコしているし知らない人なので若干いやな気持になるという。

私はその日に一度、祖母の家へ行ってみようとお盆に帰省したことがあった。

祖母が帰ってくる現象は夜中に寝ると体験できるそうなのだが泊まることはできなかったので夜に少し顔を出そうと家に向かった。

最寄り駅から降りてすぐ、祖母が建て直した三階建ての家が見える。駅から家を見ると仏壇と祭壇がある三階の祖母の部屋の明かりが点滅している。

そのまま家に行き、部屋の明かりのことを話すと、家族も知らないという。

また今日も知らない男と帰ってくるのだろうか、と思いをはせながら祖母の家を後にした。

インド逃避行記

十五年ほど前、インドに知り合いを頼って逃避行をした。

当時、直行便が出ていなかったので、タイ二週間、ネパール二週間の滞在を経て、インドに行った。

タイからネパールへの飛行機はセスナみたいでガタガタだった。

ネパールに降り立ったとき、物乞いが集まってきて声をたくさんかけられた。

このころのインドの印象は、土の街。土でできた家などもあった。

街をうろうろと歩き、気づいたら子供が二十人くらい後ろについてきている。日本人が珍しかったんだろう。

そろそろネパールからインドに移動しようと空港に行くと、乗る予定の飛行機がハイジャックにあい、飛ばなくなってしまった。

手段が変わり陸路でインドに行くことになる。

まずはバスに乗って国境付近まで行く。

バスに乗っているのは私と白人のバックパッカーカップルとヤギとニワトリ。

ヤギとニワトリは途中の村で自主的に降りていった。

そんな経験を楽しみつつ、バスは私とカップルを乗せて進んでいった。

途中のトイレ休憩でバスから降りると、トイレはなく、丘のようになっているところの向こうで女性が用を足しているのが見えた。

それでテンションが上がったのか、私は丘まで跳ぼうとしたら、その間が底なし沼になっていて身体ごと落ちてしまう。

そこからずっと泥だらけで震えながらバスに乗って国境バラナシに到着し、歩いていたらいつのまにか国境を越えていた。

インドに入ったらいきなりインド人に頭を叩かれた。

万国共通の「なめ」を感じた瞬間だった。

インドの街に入ると、サドゥー（修行者）に出会った。

「みすぼらしい姿をしているな、お前はネパール人だろう」

そのサドゥーはやたらと私に話しかけてくる。

当時、多くのネパール人がインドに出稼ぎにきていたらしく、上から目線で物を言ってくる印象だった。

「いや、日本人です」

そう言うのだが、まったく信じてもらえず一ルピー（一円）を差し出してくる。施しの意味だったと思う。

「いらない」

拒絶した。

「お前は靴が大きいな。それは盗んでいるんだろう」

また一ルピーを差し出す。なかなか日本人であると信じてくれず、上から目線で硬貨を出してくる。

「けっこうです！」

一ルピーを叩き落としてやった。

一ルピーは宙を舞い、路上に落ち、クルクルと回っている。
サドゥーは一ルピーを拾って私をにらんできたのでそのまま逃げた。

インド滞在を終え、日本に帰国してから約半年後、友人と幼なじみと神戸の部屋で格闘技を見て日々を過ごしていた。

〝パチン〟
ある日、音がして空中から何かが出てきた。
よく見たら一ルピーだった。
インドは施しの国なので、あのサドゥーは施しをして徳を積んでいたんだと思う。
あのとき受け取らなかったことで、時空を超え、届けられたのかもしれない。

311

Sさんは五十歳手前の男性で、自前の軽トラを営業所に持ち込んで宅配の下請け仕事をしていた。

あるとき、元締から電話がかかってきて、頼まれた。

「急で悪いんだけど明日、群馬まで荷物を運んでくれんか」

Sさんが住んでいるのは宮城である。

下請けとしては一年にあるかないかのけっこうな道程だ。

Sさんは迷ったが元締から直々に頼まれたのではしかたがない。

渋々了承した。

次の日、遠出とあって早朝から倉庫に荷物を受け取りにいく。

朝日と共に高速をぶっ飛ばし、目的地に着いたのは昼過ぎだ。

さっそく荷物を届けにいったものの、届け先の主はどうやら留守のようだった。

荷物の指定は直接の受け渡しとなっていたので、しかたなく暇をつぶそうと昼飯を食べに適当な店に入った。

Sさんが店の奥にあるテレビを見ながら、ゆったりと時間を持て余していると、

〝グラグラグラ……！〟

かなり大きな揺れが来た。

「大きいぞ！　机の下へもぐれ！」

てんやわんやのなか、なんとか揺れが収まる。

店内のみんなで無事を確認していると、テレビからけたたましい津波警報と、ただごとではない様子が伝わってくる。

「津波が来ます！　逃げてください！」

テレビのアナウンサーがそう言っている間に、押し寄せる津波に自分の町が飲み込

まれていく様子が映し出された。

〃もし今日ここまで配達に来てなかったら自分もいまごろは……〃

Sさんはゾッとした。しかしすぐ我に返る。

〃そうだ荷物！〃

こんな状況で配達もないもんだ。

そう思いつつ、とりあえず届けてすぐ家に帰ろうと車を走らせた。

しかし今度はさっきあった住所が見つからない。

〃おかしいな。どうなってるんだ〃

ぐるぐると周辺を回るが、やっぱりたどり着かない。

〃もうこんなことやってられん！〃

Sさんは帰途についたが、町はすべて津波に流されていた。

途方に暮れながら、救助が来るまで車中泊で何とかしのいだという。

結局、その荷物は騒動のなかでいつの間にかどこかに行ってしまい、見つからなくなったそうだ。

「仮営業所ができたときに調べてもらったんだけど、ついに出てこなかったんだよな」

しかも、せめて差出人に連絡しなければいけないと調べてもらっても、とうとうわからなかったと言う。

「結局、なんだったんだろうな。あの荷物は」

Sさんは毎年、三月十一日が来るとそう言っていたそうだ。

犬鳴トンネル

もう二十数年前になる。

友人のK君の親戚が福岡に住んでおり、夏休みや連休などK君が福岡に遊びにいくときに私はたびたびついて行った。何度目かの福岡訪問の際、K君の親戚が「旧犬鳴《いぬなき》トンネル」に行こうと提案してきた。

K君の親戚も同い年で、福岡にいるときは三人で行動していた。

旧犬鳴トンネルはいまでは映画の題材にもなるほど日本屈指の心霊スポットだ。

福岡県糟屋郡にあるこのトンネルは本当の事件、心霊現象、都市伝説も含め当時から噂が絶えなかった。

Ｋ君の親戚の白い軽自動車で「旧犬鳴トンネル」に向かった。三人ともオカルト、特に心霊系が好きだったこともあり、その手の噂も知っていた。

現在は封鎖されていて車で行けないが当時は車でトンネルの目の前まで行けた。

車を走らせ到着したのは深夜三時ごろ。目の前に「旧犬鳴トンネル」が現れた。トンネル入り口には落書きされたブロック石が詰まれ、上部が不自然にあいている。そこから見えるのは漆黒の闇だった。

心霊スポットには慣れていた私たち三人も、そのただならぬ雰囲気と数々の噂も相まって圧倒されていた。

有名心霊スポットということもあり、その時間でも先客がいた。

大学生の男女四人組。トンネル横の茂みに男二人。それぞれ別のグループだ。

大学生たちはブロック石を登り、そこからトンネルに入ろうとしていた。

すると茂みの男二人の会話が聞こえてくる。

「あー入っちゃったね」

「いっぱいいるのに」

「あー、もう憑いちゃってるよ」

話を聞くとどうやら二人は感じるタイプらしく、旧犬鳴トンネルには入らず、トンネルに入る人を見て幽霊に憑かれるのをコソコソ楽しむために来ているという。

大学生がトンネルから出てくると二人が言う。

「あー、あの四人、確実に連れて帰ってきてるね」

「嫌なこと起こるよね。かわいそ」

そんなことを聞いて私たちはテンションが下がってしまった。

だがせっかくここまで来たんだと思い直し、私はトンネルの中へ行こうと決意した。

ブロック石に登り、トンネル上部から顔を出した。どこまで、そしてどこに続いてるのか、先がいっさい見えない闇にのみ込まれそうになり、高校生だった私の足は動かなかった。そのまま何分経ったか、自分でもわからない。

K君の親戚が私を見かねて下から言った。

「もう帰ろう」

助かった。びびっていた私はその言葉を待っていた。

ブロック石から降りようとしたとき、K君がインスタントカメラを取りだして言った。

「ちょっと待って記念に」

〃パシャ〃

シャッターを切ると、カメラのフラッシュが光り、トンネルの内部が少しだけ瞬間的に見えたがすぐに闇が広がる。

三人でその場をあとにしようと歩き出したとき、男の二人組からすれ違いざまに言われた。

「あー、写真撮っちゃったね。知らないよ」

福岡には一週間ほど滞在し、三人で昼も夜も遊び尽くし兵庫の神戸に戻った。

一週間後、Ｋ君から福岡の写真が現像できたので見にきて欲しいと連絡があった。

二人で写真を確認すると、Ｋ君が旧犬鳴トンネルを撮った写真が一枚だけ出てきた。

「え」

私は小さい声をあげた。

「そうなのよ」

K君は先に確認して知っていた。

トンネルのブロック石の上部、闇が広がるそのなかに無数の骸骨が浮かんでいる。

シミュラクラ現象の可能性もあるが、高校生だった私たちは心霊写真が撮れたことにテンションが上がった。

K君もこれはすごい、とテレビに出してもいけるなどと二人で盛り上がった。


そこから一ヶ月後、K君から連絡が来る。

「旧犬鳴トンネルの写真がおかしいねん」

私はすぐに見にいった。

写真を見るとなぜか右半分が黄色く染まっている。

聞くと日に日に黄色が侵食しているらしく、いまは右端からさらに赤くなっている。

しかも同じ時期に撮ったほかの写真はまったくそんな現象は起きていないらしい。

「あー、写真撮っちゃったね。知らないよ」

すれ違いざまの男二人の言葉がよみがえる。

とりあえず様子を見ようとK君とは別れた。

そこからもK君とは定期的に遊んでいたが、日に日に元気がなくなっていった。

K君は体調を崩しやすくなり、三ヶ月後に突然、網膜剥離になった。

病気になる数日前、頭が痛いと言いながらK君が見せてくれた旧犬鳴トンネルの写真は、トンネルをおおい隠すようにすべてが真っ赤に染まっていた。

それに会うと

Hさんがまだ中学生だったある夏、放課後の教室で友達と話し込んでしまい、帰宅時間が遅くなってしまった。

いつもの帰り道を急ぎ、交差点を右に曲がろうとしたときに、左にある側溝にふと目が行った。

コンクリートの蓋が並ぶ溝の前に、土下座しているような姿勢で膝をついている人影が見える。

「あれ？」

不思議に思ってよく見ると、やはり人が土下座の姿勢で溝の前にいるようだ。

「溝に落とした物を探しているのかな？　それとも病気か何かで苦しんでいるのだろ

うか？」

Hさんはそう思って近寄ろうとした。

しかし近寄る途中で、その人物が夏にもかかわらずダウンジャケットを着て、裸足であることに気づき、足を止める。

男性か女性かもわからない。

「ちょっと気持ち悪いな……」

そう思い、Hさんはしばらく様子をうかがうことにした。すると、

〝ブルブルブル………〟

その人が小刻みに動き出した。

気持ち悪いけれど、これは何か病気で倒れたのに違いないと思い、Hさんは恐る恐る近づいてみることにした。

すぐそばまで行って、見下ろして、Hさんはゾッとした。

その人は頭を溝の中に入れていた。

しかも頭の形がみっちりと溝に埋まっている。

ケーキの生地を型に流し込んだように、溝にすき間なく頭が埋まっているのだ。

そして、どうやらその人は埋まった頭を引き抜こうとして、〝ブルブルブル……〟と揺れているようだった。

おびえて後ずさりしたHさんの物音で気づいたのか、その人はもっと急いで頭を引き抜こうとするように、さらに大きく身体を揺らしはじめた。

〝ブルブルブルブル……〟

頭を引き抜こうとする音も、何度もくり返される。

〝ズズズズズズズズ……〟

溝の人が埋まっている間に、Hさんは急いでなんとかその場を離れ、家に帰ることができた。


家に着いてもHさんは溝のことを思い出した。

〝ズズズズズズズズ……〟

頭を引き抜こうとする音と、その光景が忘れられない。

親にも相談できない。誰にも自分の体験談を話すことができなかった。

「もしかしたら次の日、新聞か何かにその出来事が掲載されるかもしれない……」

そう思って翌朝、新聞を見るがそんな事件はいっさい報道されていなかった。

学校に行っても、友達からそんな噂は聞かない。

Ｈさんは本格的に怖くなり、それ以降、絶対に一人ではその道を通らなくなったそうだ。

高校に入学すると通学路も変わり、新生活を送るうちにそのままＨさんは溝のことをいっさい忘れた。


それから数年後、「オカルトブーム」が到来する。

インターネットでは一般の人々が掲示板方式で自由に投稿したり、エピソードを公開したりする、いろいろな怪談サイトが盛り上がっていた。

Ｈさんも好奇心から怖いサイトを見ていたところ、たくさんの記事のなかの一人の男性、Ｃさんの投稿に目がとまった。


昔、Ｃさんは自分の家の近くで、家と家の間にはさまっている「大きな頭の何か」

を見た。見たあともCさんはずっと誰にも話せずにいた。

上京して社会人になったとき、飲み会の席でCさんは当時見た「大きな頭の何か」について初めて人に話す。

飲み会が終わり、一人暮らしの部屋に帰る道。

踏切に通りがかり、Cさんは各駅停車の電車が自分の目の前をゆっくり通り過ぎるのを、ぼんやり眺めながら待っていた。

すると、その電車の何両目かに当時見た「大きな頭の何か」が乗っているのを発見する。そして「何か」は電車の中からCさんのことをじっと見つめていた。

Cさんの投稿の最後は、こうしめくくられていた。

当時のその話をしたことによって、その「大きな頭の何か」が姿を見せたのであろう。

このCさんの投稿を読んでHさんは恐怖より好奇心のほうが勝り、中学生のころに見た、頭が溝に埋まった人の話を私にしてくれた。

そして話し終わったとき、Hさんは私に言った。

「私の今日の帰り道はとても長く感じることでしょう」

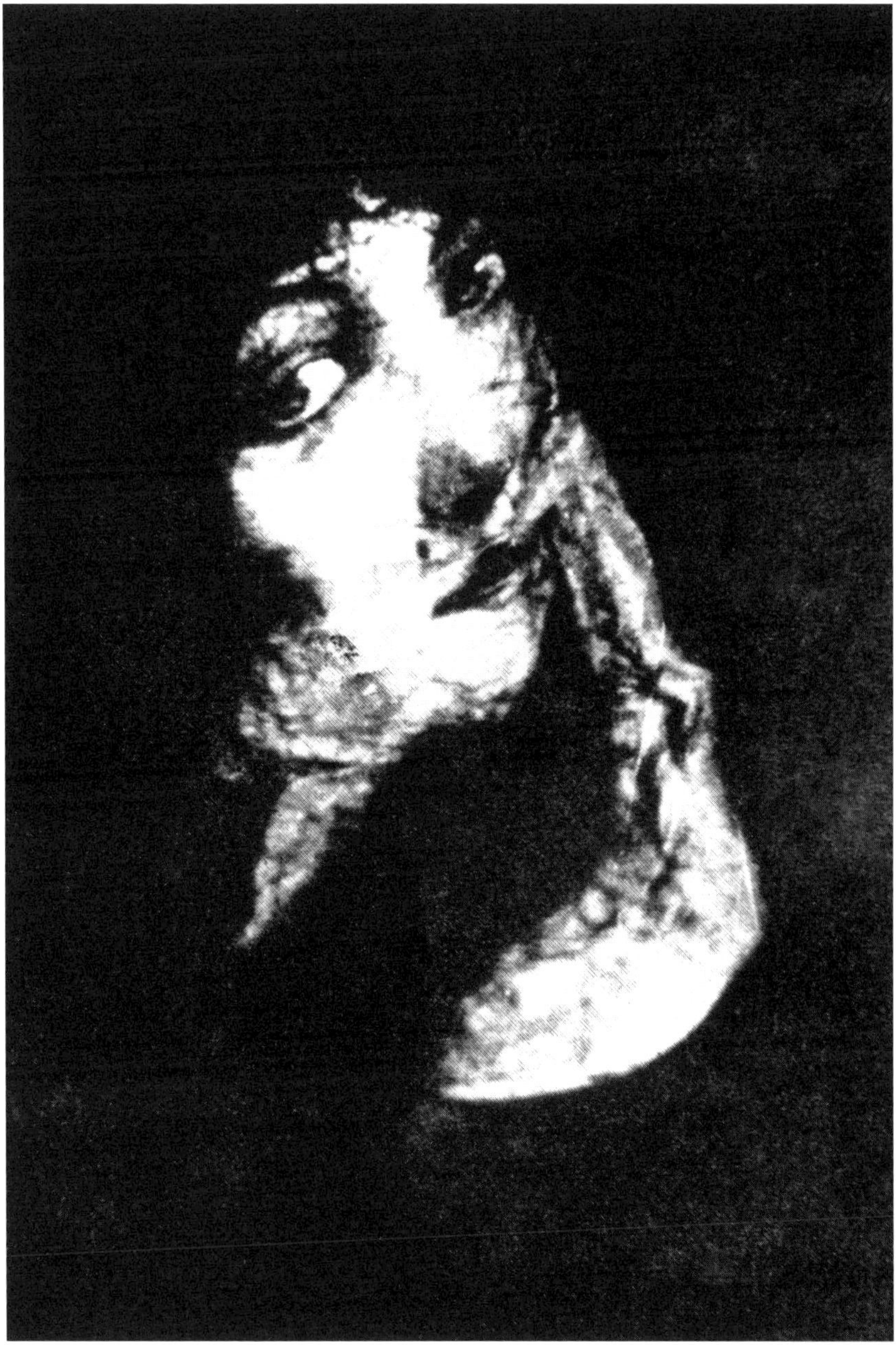

抱き人形

「今度の週末おられますか？」

私は懇意にしている骨董品店のKさんに電話をした。

「その日は夕方に店に入るよ」

そう言われて電話を切った。

後日、私はKさんの店に行った。

Kさんは神妙な顔つきで何も言わず薄紙に巻かれたものを手渡してきた。

それは人形で、三〇センチほどの大きさだった。

薄紙をはがすとわかったのだが、人形というよりは人形の絵がプリントをされた布で、中に綿や屑が入っているものだった。

「これは抱き人形って言うんだよ」

Ｋさんはそう教えてくれた。

抱き人形とは大正時代に流行ったもので、よく知られているのは陶器でできており、子供が遊ぶために作られたものだ。

しかしこの抱き人形はそれとは全然異なり、布製で粗いプリントだった。

「この抱き人形は普通より少し貧乏な家庭の子が持っていたものなんだよ。安い作りだからすぐ崩れてしまう。だから現在ではほとんど残ってなくて貴重なものなんだ」

Ｋさんはそう教えてくれた。

「実はこのお人形には悲しい過去があってね……」

この布製の抱き人形をＫさんは以前から欲しいと思っていて、ずいぶん探した末に、ある骨董市でそれを見つけた。人形コレクターで有名な女性が持っていたそうだ。少し値が張るがＫさんは抱き人形を手に入れた。

何日か後にまたその骨董市にＫさんが顔を出すと、人形コレクターの女性が声をかけてきた。

「ああ、あんたちょうどよかったわ。この前の抱き人形な、きれいなのがもう一つあるからそれと交換してあげるわ」

「いえ、交換と言われてももう買ってますから」

「いやいや、あんたに売ったやつな、ちょっとよくないもんやから、こっちに変えてあげる」

理由を聞いてみるとKさんが買った抱き人形にはいわくがあると言う。

あまり大きな声では言えないが、その人形はとある人形供養の寺から流れたものらしい。

「人形供養の寺は、ええお人形さんがいっぱいあるんや。でもなかにはカキツケがあるものがある。その人形がそれや」

「カキツケ」とは人形に添えられた手紙のことだ。

この人形のカキツケにはこんなことが書いてあったそうだ。

京都の北にある地域にお婆ちゃんと孫の女の子が住んでいた。貧乏な暮らしだったがお婆ちゃんは少ないお金のなかからやりくりして、この抱き人形を買い与えた。

女の子はたいそう喜んで人形を大事に肌身離さず持っていた。

気だてがよく愛想もいい子供だったゆえか、あるとき変質者に連れ去られ、行方知れずとなり、深泥池というところで無惨にも冷たい状態で見つかった。

抱き人形もその近くで発見され、証拠品として警察が預かることになった。

ところがある朝、お婆さんが縁側を見るとそこに人形があった。

警察に連絡してもお婆さんの家に返しにいってはいないと言う。

調べてみると警察署で預かっていたはずの人形が消えていた。

そんなことが続いたため、お婆さんは人形供養のお寺に抱き人形を持っていった。

「ごめんな。気持ち悪いやろ。もう一つあるから。そっちのほうがきれいやし、変えたげるわ」

そう言われたが、Kさんはなぜかその申し出を断った。

抱き人形は店から家に持って帰り、「これは売ることはないな」と思い、倉庫にしまうことにした。

それ以来、Ｋさんはすっかりその人形のことを忘れてしまったという。

私がＫさんに電話した夜、Ｋさんはある夢を見た。

夢のなかでＫさんは六歳の子供だった。

昔よく遊んでいた海岸で、年上の友達数人といる夢だ。

友達はＫさんをからかうように、Ｋさんを一人ぼっちにした。

「まってー」

叫ぶＫさんを無視してみんなは走って逃げる。

いくら追いかけても年上には追いつけない。

とうとう海岸で一人ぼっちになってしまった。

「どうしたの？」

泣いていたところを近所のおばさんに見つけてもらい、手をつないで帰る途中で目が覚めた。

起きたときには目から涙が流れていたそうだ。

これは夢だが、Ｋさんが幼いときに本当に体験したことだった。

「忘れられるってことはすごく悲しいことなんだな」

そのとき、幼いころの記憶と共に、すっかり忘れていた抱き人形のことを思い出したそうだ。

「君が電話をくれたときに見た夢で、人形のことを思い出したんだ。だからこの抱き人形は君に預けるよ。忘れられるってことは一番悲しいことなのかもしれない。もし君の家からお人形がこっちに帰ってきたら、そのまま私のところに置いておくからね」

そう言われて、人形を持って店を後にした。

その抱き人形はいまも私の家にいる。

カミサマ

大阪に住む福原さんは介護の仕事をしている。

少し前に四十代の男性が入社してきて、福原さんに年上の部下ができた。

彼は真面目によく働き問題はなかったが、ひどく疲れていた時期があった。

後に福原さんと親しくなってから、その疲れていた時期に彼に起きた不思議な出来事の話をしてくれたそうだ。

彼が入社してまもなく、お兄さんが交通事故に遭った。

すぐに病院に運ばれたが脳挫傷を起こし、数日意識が戻らない。正直、植物人間になるかならないかの瀬戸際だった。

「今日、脳圧が下がらなければ、医学では手のほどこしようがこれ以上ないです」

そう医者に言われ彼は呆然となり、母親は泣き崩れた。

絶望する家族と病院にいるときに、彼の頭にふとある神社が頭に浮かんだという。

それは大阪のＳ市にあるＴ神社だ。

彼は特に信心深いことはないが、この神社が好きで何度か訪れたことがあった。

兄の病気が治るように、Ｔ神社でお百度参りすることを彼はなんの迷いもなく決めた。

作法などもよくわからないまま、次の日の夕方に神社へ行った。

お百度参りとは神様に願いを聞いてもらうために神社で百回お参りをする風習だ。

はじまりは鎌倉時代初期からある民間信仰と言われる。

Ｔ神社には確かに「お百度石」というお百度参りの基点となる石があり、この石を参拝のスタートとゴールにすることができる。

お百度石から境内までは約八〇メートル。

しかし彼はこの距離では足りないと思い、自主的に鳥居から始めることにした。

鳥居から本殿までは約四〇〇メートルの石畳があり、三〇〇メートルを超えたところで石段を上り、お百度石が見えて本殿がある。

目安とするため一円玉を一〇〇枚用意し、夜八時ごろ鳥居の前に行った。

裸足になって石畳の上を走り、本殿を目指す。

本殿に着くと一円玉を納める。

「兄の病状が良くなりますように」

そう祈願して鳥居へ戻る。裸足で往復八〇〇メートルをひたすら兄のことだけを考えて走り、それをくり返す。

往復八〇〇メートルはやはりなかなかのもので、二十回もすれば体もばててくる。

彼はそれでも無心でやり続けた。

T神社の本殿の奥には広大な鎮守の森があり、山になっている。

お百度参りが三十回目に差しかかったとき、本殿の裏の森から視線を感じた。

視線の先を見ると真っ暗な森から大学生くらいの男性がジーッとこちらを見ている。

気にはなったが彼は足を止めず、本殿にお参りすると鳥居を目指した。

本殿から鳥居に戻ると向かいのマンションの前にある電信柱の陰から、先ほど見た男性がこちらをのぞいている。

本殿から鳥居までは一本道だ。

どう考えても先回りはできないはずだ。

見間違えたかも……と思いつつ、集中が途切れないよう走り続け、また本殿に向かうと先ほどの男性がいる。

さすがに気持ち悪く思い、怖くなって足を止めようとした瞬間、

「そろそろ電気消すけど大丈夫ですか？」

神社の宮司さんが声をかけてくれた。

「あ、ありがとうございます。このまま続けますので大丈夫です」

そう答えて本殿の奥を見ると先ほどの男性はいなくなっていた。

神社の電気は消え、鳥居から本殿へ向かう参道は真っ暗になった。

お百度参りを休まず続けていくうちに体は疲れたが、ただ兄のことだけを思い、走

り続ける。
裸足であるため足の皮もむけて痛みを感じてきた。
それでも走り続ける。

六十回目を過ぎたあたりの、鳥居から本殿に向かうときだ。
参道の石畳がパーッと光りだした。
喫驚したがそれでも足を止めなかった。
光の道は本殿へと誘うように、彼が歩く少し前が順番に光っていく。
すると参道の両脇に何か動くものが見える。
〝ピョンピョンピョンピョン〟
イタチのようなものが参道の両側から一緒についてくる。
幻想的な雰囲気だった。
彼はお百度参りを続けた。

九十回を超えたあたりで急な大雨に見舞われた。自分の道を妨げるかのように雨が顔に当たる。

それでも彼は続けた。

服がビチョビチョになりながら走り続けると、本殿にたどり着いた瞬間に雨がピタッとやんだ。

今度は本殿の裏の森の木々が、風もないのに暴風が吹いたかのようにゴーッと激しく揺れる。

九十九回目が終わり、鳥居に向かう。

これで最後だ。

鳥居から本殿に向かった。

「あれ？」

参道を通り石段を上ったはずなのに、そこには本殿がなくなっている。

お百度石もなければ何もない。

広大な鎮守の森が広がっている。

唖然としながらも真っ暗な森に近づくと、そこにポツンと小さな祠が一つだけあった。不思議に思いながらもその祠に最後の一円玉を収めて願った。

「兄の病状が回復しますように」

そのときなぜかわからないが「これで兄は治る」と確信したという。

次の日、兄の脳圧が奇跡的に下がり意識を取り戻した。

病状も良くなり一命も取りとめた。

少しの障害が残ったがそれも回復に向かっている。

いまは元気に仕事もしている。

私はこの話を聞いたとき、カミサマの存在というものはあるのかもしれないと感じた。

純粋な願いというのは届くのかもしれない。

願いもまたその逆も。

夜祭の
呪物展

あとがき

怪談を取材し、集めて、体験された方々の貴重なお話を本にできて、非常にうれしく感じている。

私は語りを主にしているので、怪談を「書く」というのは、また全然違う表現の楽しみがあった。


私は怪談を収集するかたわら、呪物やいわくがあるものを集めている。

そして集めた呪物たちにもいろんな物語があり、怪談と同じように、間接的に呪物の物語に入ったような不思議な感覚になる。

本書に収録した「抱き人形」というお話もまさにそれで、お婆ちゃんと女の子が暮らしていたかたわらにいるような感覚になった。

このお話は実はまだ続きがある。

人形についてある方からメールをもらい、今度取材にいく予定になっている。まだ知らない事実が出てきそうで怖い反面、楽しみで気持ちが高揚する。

ちなみにこの「抱き人形」とは、私の呪物部屋の写真（２１４ページ）の、私の向かって左側、ちょうどチャーミー（人形）の右後ろにいる可愛いお人形だ。

またこのお話の続きを、みなさんに語りや文章で表現できるよう努めたいと思っている。

本書に掲載したお話を提供していただいたみなさん、改めて本当にありがとうございます。表題作「あべこべ」を教えてくれたアンちゃん、そしてそれを構成してくれた横山創一さん、ありがとうございました。

出版してくれた二見書房さん、担当の千田さん、このような機会を与えてくれてありがとうございました。そして「田中さんも怪談の本を出しましょうよ」と二見書房さんに紹介してくれた松原タニシさん、ありがとうございました。

私はこのあとがきを草津で書いている。

ある呪物を引き取りにきて、旅館の一室に呪物と一緒にいる。

部屋に通してもらうとき、旅館のご主人が私にこんなお話をしてくれた。

ご主人は東京出身で二十年前に温泉療養で草津に来たという。

草津の病院に一ヶ月ほど入院した時期があり、そのときに二十代の若い男性と知り合ったそうだ。顔を合わせるうちに仲良くなったが、彼は末期のがんで、ご主人が退院間近のときに若くして亡くなってしまった。

男性の葬儀は草津温泉の中心である「湯畑」を見守る穏やかなお寺、光泉寺で行われた。

光泉寺は病気などの苦しみから人々を救うとされる薬師如来がご本尊だ。

葬儀が粛々と行われるなか、隣にいたお婆さんがボソッとご主人に伝えた。

「若い人が亡くなると未練が残るから雨が降るんだよ。草津ではそういう言い伝えがある」

その瞬間、光泉寺を雨雲がおおい、激しい雨が降り注いだ。

しかし不思議と葬儀が終わるころにはピタッと雨はやんだ。

「草津に来てすごく印象深い出来事でした」
　ご主人はそう教えてくれた。

時計は夜の十一時を回っている。
偶然にも外は激しい雨。
温泉に入るついでに、後で光泉寺にも寄ってみようと思う。

二〇二三年六月八日　湯畑の硫黄の香り仄かに漂う路地裏の旅館にて

田中俊行

画像一覧

＊　画像協力 Aflo

田中俊行（たなか・としゆき）

1978年兵庫県生まれ。怪談・呪物を蒐集するオカルトコレクター。
幼い頃から奇怪なものや怪談話を集めはじめる。
イベントや配信で怪談師としても活躍。
2013年「稲川淳二の怪談グランプリ」、2021年「怪談最恐戦」で優勝。
著書に『呪物蒐集録』（竹書房）などがある。
YouTubeチャンネル「不思議大百科」「トシが行く」などに出演。

Twitter @tetsu_gamon

撮影（著者近影） SUSIE
ブックデザイン　平塚兼右（PiDEZA Inc.）

あべこべ

2023年7月25日　初版発行

著者　田《た》中《なか》俊《とし》行《ゆき》
発行所 株式会社二見書房
東京都千代田区神田三崎町2-18-11
電話 03（3515）2311［営業］
03（3515）2313［編集］
振替 00170-4-2639
印刷　株式会社 堀内印刷所
製本　株式会社 村上製本所

落丁・乱丁本はお取り替えいたします。
定価は、カバーに表示してあります。

ISBN978-4-576-22113-7
https://www.futami.co.jp/